영화의 미로

최진성 지음

21세기사

영화는 꿈과 현실을 이어주는 미로다. 현실에 영감을 받아 만들어진 영화는 다시 현실에 영감을 준다. 이 길을 '미로'라고 칭한 것은 현실과 영화가 서로 영향을 주며 만나는 길이 마냥 쉽지만은 않기 때문이다. 이 책 〈영화의 미로〉에는 영화와 현실이 서로 넘나들며 미로처럼 만나 나를 성찰하게 만들었던 영화에 대한 글모음이다. 이 책 속에 나오는 영화 〈꿈보다 해몽〉에 대한 글에서 등장하는 보르헤스 이야기는 꿈과 현실에 대해 이렇게 말한다.

… 그런 의미에서 이 꿈들은 아직 끝난 것이 아니며, 아마도 이 이야기의 해답은 아직은 꾸지 않은 '마지막 꿈'에 있을지도 모른다고 보르헤스는 말한다. 그렇게 꿈과 이야기, 그리고 현실은 끊이지 않고 계속된다. 연신과 우연이 꿈에서 만나 통했던 것처럼, 현실에서 그들은 다시 만난다. 하지만 현실이라고 생각하는 이 만남 역시도 어쩌면 누군가의 꿈속이지 않을까. 연신의 꿈이거나, 우연의 꿈이거나, 혹은 레드 킹의 꿈이거나, 앨리스의 꿈이거나, 어쩌면 나의 꿈이거나, 당신의 꿈이거나. 영화는 끝났지만 연신과 우연의 이야기는 아직 끝난 게 아니다. 계속해서 미뤄질 '마지막 꿈'은 아직 남아 있으니 말이다. 그렇게 삶은 계속되고, 이야기는 영화관 밖에서 이어진다. '마지막 꿈'을 꿀 때까지.

이처럼 현실과 꿈은 만났다가 다시 헤어진다. 영화는 이러한 만남과 헤어짐을 잘 이어주는 예술이면서 동시에 대중문화다. 이 책에서 텍스트로 삼은 수십 편의 영화들은 대중들에게 덜 소개된 작은 영화들이 대부분이다. 비록 작은 영화지만 현실과 꿈을 잇는 미로만큼은 더 기기묘묘할 수 있다는 것을 이야기하고 싶었다. 그렇게 삶은 계속되고, 이야기는 영화관 밖에서 이어진다. '마지막 꿈'을 꿀 때까지.

최진성

목 차

들어가며 _ 3

60 만번의 트라이

| 박사유, 박돈사 감독, 2013년 |

＿

 아시안 게임이 끝났다. 모 영화제에서 단편 영화를 심사하느라 하이라
이트 한 번 챙겨 보지도 못하고 지나가 버렸다. 그러다가 뒤늦게 SBS 카
메라 기자가 포착한 여자축구 시상식 직후 비하인드 영상을 보게 되었
다. 은메달을 딴 일본 선수들이 풀이 죽어서 먼저 퇴장을 하고, 동메달
을 딴 대한민국 선수들과 금메달을 딴 조선민주주의인민공화국 선수들
이 남아서 데면데면 각자 기념사진을 찍다가 어느 순간 대한민국 선수들
이 조선민주주의인민공화국 선수들에게로 우르르 달려가 다같이 사진
을 찍는 풍경. 서로 이름과 등번호를 묻기도 하고, 어깨동무를 하고, 팔
짱을 끼며. 성격 좋은 권하늘 중사는 취재진들을 배려하느라 다양한 각
도로 남북선수들을 리드하며 포즈를 취해준다. 괜히 아침부터 울컥하게
만드는 장면이었다. 이런 게 바로 〈60만 번의 트라이〉에서 말하는 '노사
이드 정신'이란 것이겠지, 하고 되뇌이며.

 〈60만 번의 트라이〉는 오사카부의 조선학교인 오사카 조고가 럭비전
국대회 '하나조고'의 우승을 향해 달려가는 이야기다. 그 안에 오사카부
의 고교무상화 정책에 오사카 조고만 제외되는 정치적 사건이 함께 얽

혀나간다. 영화의 후반부, 오사카 조고의 센터인 백넘버 13번 유인이 부상으로 제외된 상황에서 오사카 조고는 도우인카구엔과의 준결승에서 안타깝게 패배한다. 그래도 전국대회 4강이니 대활약. 그러나 오사카부지사 하시모토는 오사카 조고에 대한 고교무상화 보조금 제외 정책에 변함이 없다는 의견을 다시 한 번 피력한다. 그는 만약 한국 에 북조선과 관련된 교육단체가 있다면 이명박 대통령도 자신과 마찬가지로 보조금 지급을 거부했을 거라고 한다. 조선 학교에 대한 보조금 제외 사건이 일본 당국이 벌이는 우경화 정책으로 거리 두기가 되다가, 하시모토의 발언을 통해 사건의 거리가 좁혀지며 바로 이 땅의 얘기가 되는 순간이다. 결국 일본 당국이 조선 학교를 타자화하며 보조금 지급을 거부하는 사건은 대한민국 당국이 수년간 북한과의 교류를 거부하고 있는 상황이나, 무슨 일만 터지면 앞뒤 재지 않고 종북 운운하며 빨간 딱지를 붙여대는 이곳의 분위기와 다르지 않은 것이다.

영화 덕분에 몇몇 럭비 용어를 알게 되었다. 트라이, 스크럼, 페널티킥, 드롭킥, 그리고 무엇보다 '노사이드'. 오사카 조고는 고교무상화에 대한 기자회견을 하게 되는데, 여기에 럭비부 주장 관태가 함께 한다. 여기서 관태는 럭비의 '노사이드 정신'에 대해 말한다. 시합 중엔 편이 갈려 사이드가 생기지만 시합이 끝나면 '니편 내편'이라는 사이드를 없애고 더불어 즐기는 정신을 바로 노사이드 정신이라고 한다는 것. 그러나 오사카부는 조선학교에게만 사이드를 나누고 있다는 것이다. 관태는 언젠가 이 사이드가 없어져 교육 현장에서도 노사이드 정신이 확산되리라 믿는다고 말한다. 나레이터인 문정희씨가 오사카 조고의 경기가 마칠 때 외치던 '노사이드의 호각소리!'란 바로 이런 의미였던 것이다. 경기 중엔 온사이드에서 치열하게 스크럼을 짜고 몸이 부서져라 싸우다가 심판에 의해 경기 종료의 '노사이드'가 선언되면 사이드를 없애고 더불어 즐기는 그런 정신. 실은 모든 스포츠에 이런 노사이드 정신이 깔려있기 마련이겠지만 럭비에서는 아예 경기 종료 신호를 '노사이드'라는 용어로 공식화시켜 놓았다는 것이 흥미롭게 다가왔다. 울려 퍼지는 노사이드의 호각소리! 사이드를 넘어서는.

노사이드 정신이 가장 눈부시게 발휘되는 순간은 그 다음 장면이다. 오사카 조고의 센터 유인이 부상으로 인해 경기를 뛰지 못하고 졸업하는 것에 대해 아쉬워하며 일본고교 럭비선수들이 한자리에 모인다. 그렇게 성사된 오사카 조고 대 일본고교 드림팀의 대결. 정치인들은 엄두도 못내는 노사이드 정신을 일본의 고등학생들이 실천하는 순간이다. 유인은 마지막으로 오사카 조고의 유니폼을 입고 스크럼을 짜고 필드를 달리기 시작한다. 후반전에 이르면 유인은 아예 드림팀의 유니폼으로 갈아입고 팀을 바꿔 경기를 한다. 그렇게 드림팀이 된 유인은 일본 친구들에게 오사카 조고의 약점을 알려준다. 웃음이 터지는 선수들. 그렇게 서로 한 번씩 트라이, 트라이. 사이드를 넘어서며.

여자축구 시상식이 마친 후 대한민국과 조선민주주의인민공화국 선수들이 함께 웃으며 사진을 찍는 장면이 아름다웠던 것은 어른들이 그토

10

록 무거워하는 노사이드 정신을 이들이 먼지처럼 가볍게 실천하고 있었기 때문이다. 먼저 다가가 어깨동무를 하고, 팔짱을 끼고, 이름과 등번호를 물어보고, 손가락으로 브이를 그리며, 그리고 조금 쑥스럽게 웃으며, 찰칵, 찰칵. 그러고 보니 은메달을 목에 걸고 왠지 시무룩하게 먼저 퇴장하던 일본 선수들과도 함께 얼싸안고 사진을 찍었더라면 얼마나 더 '노사이드'해졌을까 하는 기분 좋은 상상도 살짝 해보게 되었다. 그러나 경기장 밖의 현실은 딱딱한 '사이드' 정신으로 한없이 무겁기만 하다. 산케이신문 서울지국장은 벌써 여섯 번째 출국금지 연장을 '당하는' 중이고, 남북은 2차 고위급 접촉을 눈앞에 두고 있으나, 남측 당국의 524 조치로 인해 교류가 중단되어 있으며, 세월호 특별법은, 특별법은…. 그렇게도 딱딱하고 무겁게 사이드, 사이드. 서로를 두려워하고, 증오하며 다시 한 번 사이드. 그래도 쑨양은 박태환에게 선물한 생일케익 생크림을 얼굴에 묻히며 장난을 걸고, 남북축구선수들은 쑥스럽게 웃으며 사진을 찍고, 일본고교 럭비드림팀은 유인이를 위해 다시 한 번 스크럼을 짜고 트라이를 시도한다. 이토록 부드럽고 가벼운 노사이드라니. 먼지처럼 가볍게 노사이드, 다시 노사이드. 그렇게 서로의 사이드를 넘어설 수 있다면.

그라운드의 이방인

| 김명준 감독, 2013년 |

•

자가당착 : 시대정신과 현실참여

| 김선 감독, 2009년 |

제목은 많이들 알지만 막상 본 사람은 거의 없는 신기한 영화 한편이 있다. 김선 감독의 2010년 작 〈자가당착〉. 이 영화가 간만의 상영회를 가졌다. 물론 개봉은 아니고 기획 상영전의 일환으로 진행된 상영이었다. 나는 얼떨결에 관객과의 대화를 진행하게 되었는데 오랜만에 만난 김선 감독은 영화와 관련된 재판을 수차례 치룬 끝에 '어쩌다보니 졸지에 재판 전문가'가 되어있는 상태였다. 잘 알아듣기 힘든, 실은 잘 알아듣고 싶지도 않은 재판 용어들과 재판 과정들을 술술 읊어대는 그의 모습을 보아하니 저간의 그이의 사정들이 어떠했는지 미루어 짐작이 되었다.

김선 감독이 '어쩌다보니 졸지에 재판 전문가'가 된 상황을 간략하게 정리해 보자면 다음과 같다. 영상물등급위원회는 2011년 6월과 2012년 9월 두 번에 걸쳐 〈자가당착〉에 제한상영가 등급 판정을 내린다. 당시 영등위는 박근혜 대통령 마네킹에서 피가 솟는 장면과 불붙은 남자 성기가 묘사된 장면 등을 문제 삼으며 "표현 수위가 인간의 존엄과 가치를 현저하게 훼손하고 국민의 정서를 손상할 우려가 높다"고 지적한다. 이에 김선 감독은 "표현의 자유를 침해하고 정치적 판단을 한 영등위 판정을 수용할 수 없다"고 불복하며 등급분류결정 취소 소송을 제기한다. 법원은 2013년 6월 1심에서 영등위의 등급 판정이 부당하다고 판결하지만 영등위는 이 결과에 불복한다. 하지만 2014년 2월의 2심에 이어 7월 대법원까지 영등위의 판정이 잘못됐다고 판결한 상태다. 김선 감독의 완승처럼 보이나 이번 기획 상영전 조차도 설왕설래 끝에 겨우겨우 열게 된 상황이다. 국내에서 이 영화를 둘러싸고 법정 다툼을 하고 있는 사이 일본에서는 2013년 6월에 먼저 개봉을 했다.

이런 수 년 간의 재판 과정을 통해 영화감독 김선은 '어쩌다보니 졸지에 재판 전문가'가 되어가고 있었던 것이다. 이번 관객과의 대화에서 김선은 〈자가당착〉에 대한 '영화적인' 이야기를 하고 싶다고 피력했지만, 영화가 처해있는 상황이 이렇다 보니 본의 아니게 영화를 둘러싼 송사로 대화가 다시 돌아가는 상황이 되곤 했다. 영화감독이 자신의 영화에 대한 이야기를 하지 못하고 영화를 둘러싼 재판에 대해 더 많은 얘기를 하고 있다니. 그래서 그런 걸까. 김선은 씨네21의 '아수라장' 지면에서라도 그저 '영화'에 대해 더욱 필사적으로 얘기하고 있는 중이라는 생각이 들었다. 영화감독이 자신의 영화에 대해 이야기하고 있는 것이 아니라, 영화를 둘러 싼 재판에 대해 이야기하고 있어야 하는 초현실적인 현실. 그간의 영등위의 결정에 대해 김선 감독은 '정치적 판단'에 의한 것이라고 꾸준히 언급해왔다. 영화가 영화로 흐르게 내버려 두지 않고 정치가 영화에 개입되는 순간 일어나는 피곤한 현실을 그는 지금 단단히 겪고 있는 중이다.

다큐멘터리 〈그라운드의 이방인〉은 고국에 방문했던 재일동포 야구단의 이야기를 그려내는 작품이다. 여기엔 정치가 삶에 개입되면서 뒤틀리게 되는 어느 잊힌 야구인의 이야기가 등장한다. 배수찬. 그는 재일동포 학생야구단의 일원으로 1957년 고국땅을 처음 밟는다. 이후 1962년 일본에서 열린 아시아야구선수권대회에서 한국 국가대표의 일원으로 우승의 주역이 된다. 야구 유망주였던 배수찬은 이렇게 한국 야구와의 인연으로 60년대 실업야구단의 선수로서 활약하는 등 선진 일본 야구를 고국에 들여오는데 주요한 역할을 하게 된다. 그렇게 촉망 받던 야구선수였던 그의 캐리어를 주춤하게 만드는 정치적 상황이 발생하는데, 바로 1968년 1월 21일에 발생한 북한 무장간첩의 청와대 습격사건이다. 이어 이틀 후에는 미국의 푸에블로호가 북한에 납치되는 사건까지 발생하게 되는데, 이를 통해 한국사회는 순식간에 공안정국으로 바뀌게 된다. 근데 이 일련의 사건들이 나비효과처럼 엉뚱하게도 야구밖에 모르던 배수찬의 삶에 치명적인 영향을 끼치게 된다.

어느 날, 배수찬은 정보기관에 끌려간다. 이유는 북한과 일본 당국의 북송 사업에 의해 일본에 계신 어머니가 북으로 가신 것 때문이었다. 배수찬은 연행된 지 40여일 후에 집에 돌아온다. 하지만 그간의 갖은 심문과 고문으로 몸과 정신은 피폐해져 있었고, 결국 그는 선수 생활을 그만두게 된다. 이후 지도자의 길을 걷다가 1985년 고국을 다시 떠날 결심을 한다. 한국도 아닌 일본도 아닌 제 3국인 아르헨티나로. 그리고 1986년 고향인 일본으로 여행을 떠난다며 집을 나섰다가, 급성심장발작으로 갑작스레 삶을 마감하고 만다. 그렇게 그는 우리의 기억 속에서 잊혀지게 된다.

야구선수는 그라운드에서 야구를 할 수 있어야 하고, 영화감독은 극장에서 영화를 상영할 수 있어야할 것이다. 하지만 60년대에도, 반세기가 지난 지금에도 이러한 당연한 것들이 당연하지 않게 되는 일이 벌어지고 있나 보다. 20세기에도, 21세기에도 말이다. (이글을 쓰고 있는) 2015년, 영화감독 김선은 영등위의 사과를 기다리고 있고, 올해 안에는 반드시 이 5년 묵은 영화를 개봉하고 싶다고 한다. 부디 '제목은 다들 알지만 막상 본 사람은 거의 없는 신기한 영화' 〈자가당착〉이 올해 안에는 극장에서 정치와 상관없이 '영화'로서 관객을 만날 수 있을까. 누가 뭐래도, 야구는 야구고 영화는 영화니까. 그리고, 4월이다. 야구의 계절이 다시 시작됐다. 플레이볼.

(2015년, 우여곡절 끝에 〈자가당착〉은 결국 개봉했다.)

꿈보다 해몽

| 이광국 감독, 2014년 |

1797년 어느 여름 날, 영국 시인 콜리지는 꿈에서 깨어 시를 쓴다. 그는 꿈속에서 원 나라의 초대 황제 쿠빌라이 칸의 궁전에 영감을 받아 300행 가량의 시를 썼는데, 꿈에서 깨자마자 기억나는 시구 50행을 적어 내려간다. 이 미완의 시가 〈쿠빌라이 칸〉이다. 꿈이 현실이 된 이 사건이 더욱 흥미로워지는 것은 그로부터 수십 년 후다. 14세기에 라쉬드 에딘이 페르시아 문학에 대해 집필한 저서 〈역사 개관〉이 파리에 처음으로 번역되어 출간된다. 이 책에는 쿠빌라이 칸의 궁전 건축에 대한 이야기가 등장하는데 그가 꿈에서 궁전을 본 후 그 기억을 토대로 쿠빌라이 궁전을 건축했다는 것이다. 수백 년에 걸쳐진 두 가지 꿈에 대한 사건을 정리해 보면 13세기 몽골의 쿠빌라이 칸은 꿈에서 궁전을 보았고, 잠에서 깬 뒤 그 모양을 기억해 궁전을 세웠으며, 그 궁전이 꿈에서 나온 것인지 몰랐던 18세기 영국 시인 콜리지는 쿠빌라이 궁전에 대한 시를 꿈꾸고, 이를 기억해 시를 써 내려갔다는 것.

꿈과 현실을 넘나드는 이 판타스틱한 사건은 보르헤스가 어느 에세이에서 소개하고 있는 이야기다. 이처럼 보르헤스는 꿈과 현실이 이어져 있으며, 어떤 이의 꿈은 다른 이의 꿈과 연결되어 있다고 생각했다. 단편 소설 〈원형의 폐허〉에서 보르헤스는 루이스 캐롤의 〈거울 나라의 앨리스〉를 인용하며 이야기를 시작한다. "그리고 만일 그가 너를 꿈꾸기를 멈춰버렸다면..." 이는 '트위들덤과 트위들디' 장에 등장하는 문장이다. 트위들디는 앨리스에게 지금 들리고 있는 코고는 소리는 레드 킹의 것인데, 너는 그가 꿈꾸고 있는 존재라고 말한다. 현실의 앨리스는 레드 킹의 꿈이라는 것. 우리가 누군가를 꿈꾸듯이 우리 역시나 누군가의 꿈일지도 모른다는 판타스틱한 상상력. 그런 의미에서 영화 〈꿈보다 해몽〉은 판타스틱하다. 연신과 우연은 영화 내내 반복해서 꿈을 꾼다. 무명 연극배우로서의 삶에 지쳐가던 두 사람은 일도 꼬이고, 맘도 꼬이다가 일 년 전에 헤어진다. 여전히 싱글인 두 사람에게 문득문득 옛 연인이 그리워지는 것은 어쩔 수 없다. 그들은 현실에서는 헤어졌지만 서로의 꿈속에서 스멀스멀 다시 등장하며 만남을 다시 시작하려 한다.

〈인셉션〉이 그랬고, 최근의 〈에너미〉가 그랬듯이, 〈꿈보다 해몽〉도 마찬가지다. 꿈을 모티프로 한 후 이를 엔진으로 작동시키는 이야기들은 꿈과 현실의 경계를 보르헤스처럼 무너뜨리기 마련이다. 그렇다면 왜 꿈인 것일까. 왜 꿈이어야 하는 걸까. 다시 몽상가 보르헤스 선생의 소설로 돌아가 보자. 〈원형의 폐허〉에서 '그'는 꿈을 통해 아이를 낳는다. 아이는 꿈으로 만들어진 환영이기에 불에 타지 않는 존재지만 인간과 같이 살과 뼈를 지니고 있다. 그는 아이가 꿈으로 만들어진 환영이란 사실을 모르고 살아가길 바란다. 어느 날 그가 살고 있는 신전에 불이 난다. 그러다 불에 타지 않는 자신을 발견하며 그 역시나 누군가의 꿈에 의해 만들어진 존재였음을 깨닫는다. 이처럼 보르헤스의 소설에서는 꿈과 현실이 이어진다. 서로는 서로의 꿈이 되고, 꿈은 현실과 뒤섞인다.

〈꿈보다 해몽〉의 연신과 우연도 서로의 꿈속에서 다시 만난다. 우연의 꿈속에서 우연은 경찰에 의해 자동차 트렁크에 갇힌다. 그 자동차는 연신의 꿈에 이미 나왔던 차다. 한편 연신은 그 자동차를 현실에서도 발견한다. 연신이 현실에서 발견한 자동차의 차주는 우연의 꿈속에서 우연을 트렁크에 가두던 경찰이다. 우연의 꿈속에서 트렁크에 갇혔던 우연은 연신의 꿈속에 나타나 연신에 의해 구출된다. 그렇게 현실과 꿈은 이어지고, 서로는 서로의 꿈이 되어 다시 만난다. 현실에서 힘들어하며 헤어지던 그들은 꿈에서 다시 만나 서로를 격려한다. 그렇게 꿈에서 행복하게 만난 두 사람은 결국 현실에서도 다시 만나게 된다. 우연은 연신이 연극을 하는 극장에 찾아간다. 꿈에서처럼 현실에서도 두 사람은 통할 수 있을까. 마침 연신이 하는 연극의 제목도 'influence in dreams'이다. 그렇게 현실에서 다시 만난 두 사람은 이제 어떻게 될까. 일단 영화는 여기까지만 보여준다.

쿠빌라이의 궁전은 1691년 예수회 소속의 가빌롱 신부가 확인한바 폐허가 되었고, 콜로지가 꿈속에서 쓴 300행의 시는 단지 50여행만 기록되었다. 쿠빌라이의 꿈은 궁전을 만들게 했고, 콜로지의 꿈은 시가 되었지만, 궁전은 파괴되었고, 시는 여전히 미완성이다. 그렇기에 보르헤스는 이 꿈들은 아직 끝난 것이 아니라고 말한다. 수세기가 다시 지난 후 콜로지의 〈쿠빌라이 칸〉의 어떤 독자는 책을 읽다 잠든 어느 날 밤 대리석이나 음악을 꿈꾸게 될 것이며, 이를 통해 쿠빌라이와 콜로지처럼 무언가를 다시 만들게 될 것이라 말한다. 그런 의미에서 이 꿈들은 아직 끝난 것이 아니며, 아마도 이 이야기의 해답은 아직은 꾸지 않은 '마지막 꿈'에 있을지도 모른다고 보르헤스는 말한다. 그렇게 꿈과 이야기, 그리고 현실은 끊이지 않고 계속된다. 연신과 우연이 꿈에서 만나 통했던 것처럼, 현실에서 그들은 다시 만난다. 하지만 현실이라고 생각하는 이 만남 역시도 어쩌면 누군가의 꿈속이지 않을까. 연신의 꿈이거나, 우연의 꿈이거나, 혹은 레드 킹의 꿈이거나, 앨리스의 꿈이거나, 어쩌면 나의 꿈이거나, 당신의 꿈이거나. 영화는 끝났지만 연신과 우연의 이야기는 아직 끝난 게 아니다. 계속해서 미뤄질 '마지막 꿈'은 아직 남아 있으니 말이다. 그렇게 삶은 계속되고, 이야기는 영화관 밖에서 이어진다. '마지막 꿈'을 꿀 때까지.

님아, 그 강을 건너지마오

| 진모영 감독, 2014년 |

—

1. 〈님아, 그 강을 건너지 마오〉의 첫 장면. 할머니가 무덤 곁에서 하염없이 흐느낀다. 아마도 감독은 영화를 어떻게 시작할 것인가에 대해 많은 고민을 했을 것이다. 즉 '편집'의 문제. 영화는 수많은 선택지 중에 '죽음'으로 시작하는 선택을 하고 있다. 이후 영화는 시간을 거슬러 할아버지와 할머니가 사랑스럽게 살아가는 모습을 보여준다. 그러나 할아버지의 무덤을 이미 본 나로서는 이들에게 죽음의 운명이 서서히 닥치리라는 것을 잘 알고 있다. 할아버지가 할머니를 위해 노래를 불러도, 어쩌다 성을 내도, 그 웃음과 성냄이 서서히 사라지리라는 것을. 그렇게 영화를 보다가 시작된 '죽음'에 대한 생각의 파편들.

2. 필립 로스의 〈에브리맨〉 역시나 '그'의 죽음으로 시작한다. 세 번의 결혼과 이혼을 한 '그'의 무덤 앞에 형과 전처와 자녀들이 찾아온다. 유대인 공동묘지에서 그의 하관식이 진행된다. 이후 소설은 시간을 거슬러 그의 죽기 전의 삶으로 돌아간다. 그가 만났던 여자들, 그에게 닥쳤던 병들, 그의 실수들, 그의 성공에 대한 이야기들. 그러나 이 소설은 무엇보다 '죽음'에 대한 소설이다. 그는 과연 어떤 삶을 살다가 죽게 된 걸까.

3. 롤랑 바르트의 〈카메라 루시다〉 2부의 첫 문장은 어머니 미셸의 죽음에 대한 이야기로 시작한다. 바르트의 '사진론'이기도 한 이 책은 1부에서 그 유명한 사진의 푼크툼과 스투디움에 대한 이야기를 열심히 하다가, 1부 마지막 장에서 지금까지 한 논의들에 대한 '취소의 말'을 전한다. "하지만 나는 사진의 본질을 발견하지 못했다... 나는 앞에서 한 말을 취소해야 했다." 바르트는 사진에 대해 처음부터 다시 시작하려고 한다. 시작은 '사랑하는 어머니의 죽음'에서 부터다.

4. 5월 말, 갑작스럽게 T가 스스로 생을 마감했다. 3일 전 전화를 했을 때, 밝은 목소리로 주말에 한 잔 하자던 약속은 지켜지지 않았고, 그는 그렇게 사라졌다. 남겨진 짧은 유서에는 그간 힘들었다는, 미안하다는 짧은 글귀만이 달랑 남겨져 있었고.

5. 〈님아, 그 강을 건너지 마오〉의 할머니를 보다가, 최근에 보았던 〈순천〉의 할머니가 떠올랐다. 〈님아, 그 강을 건너지 마오〉의 할머니는 자신에게 노래를 불러주던 할아버지를 그리워하고, 〈순천〉의 할머니는 할아버지의 장례식 날 "뒤도 돌아보지 말고 잘 가소. 나보고 싶단 소리 하지 마소"라며 노래를 불러준다. 〈님아, 그 강을 건너지 마오〉의 할머니는 무덤 곁에 서성이며 집으로 돌아가지 못하고 있고, 〈순천〉의 할머니는 떠나는 운구차를 바라보며 "저만치 갔다가 다시 와!"라고 애달프게 외치며 무덤에 가지 않고 집에 남는다. 사랑하는 자를 떠나보내는 각자의 애도 방식들.

6. 롤랑 바르트는 1977년 10월 25일 어머니 미셸이 죽은 다음 날부터 슬픔과 애도의 마음을 담아 일기를 쓰기 시작한다. '애도 일기'를 써 내려가는 와중에 '어머니의 사진'에서 촉발된 사진론인 〈카메라 루시다〉를 집필한다. 그렇다. 바르트의 애도 방식은 글쓰기였던 것.

7. 겨울 정원의 사진 : 나는 이 사진의 의미를 분명하게 말하려고 애를 쓰지만 아무 소용이 없다. (사진 : 너무도 분명한 것을 그러나 소리 내어 말하지 못하는 무능력. 그래서 문학이 탄생한다). - 롤랑 바르트의 〈애도일기〉, 1978년 7월 24일.

8. 〈에브리맨〉의 '그'는 죽기 직전 부모님이 묻혀 있는 (자신도 곧 묻히게 될) 유대인 공동묘지를 찾는다. 그곳에서 그는 34년 째 무덤을 파고 있는 한 남자를 만난다. 죽은 자를 위한 자리를 하루 먼저 예비하는 무덤 파는 남자. 부모님의 무덤에서부터 그의 미래의 무덤까지를 준비하는 남자의 손. 예수의 삶을 미리 예비했던 세례 요한만큼이나, '누구나(에브리맨)'의 죽음을 예비하는 자도 존재한다는 사실을 기억할 것.

9. 지난 겨울 프라하 여행길. 그 때 찾은 프란츠 카프카가 잠들어 있는 유대인 공동묘지. 카프카의 죽음만큼이나 쓸쓸해 보였던 묘지 한켠의 그의 묘석. 거기서 그의 소설 〈소송〉의 마지막 장면인 K의 죽음을 떠올렸다. 죄 없는 K는 일 년간 자신의 무죄를 증명하기 위해 애를 쓰지만 결국 아무 것도 해내지 못한 채 처형되고 만다. 마지막 문장, ""개와 같

구나!"라고 그는 말했으나, 그는 죽어도 치욕은 남는 것 같았다." 죽음과 삶에 대한 카프카적 애도 방식.

10. 오손 웰즈는 1962년 카프카의 〈소송〉을 영화화하면서 소설과는 다른 죽음을 제시한다. K는 타고 있는 다이너마이트를 집어 던져 살 수 있는 길을 택하지 않고 큰 소리로 웃으면서 자폭한다. 타인에 의해 처형당하는 것이 아니라 자발적 죽음을 선택한 것. 카프카의 애도 방식이 너무 절망적이어서 였을까. 웰즈는 카프카가 보여준 죽음의 방식을 다르게 돌파하려 한다. 그러나 그 역시도 방식은 다르지만 죽음으로의 귀결은 피하지 않는다.

11. 〈님아, 그 강을 건너지 마오〉와 〈에브리맨〉의 마지막 장면은 다시 죽음이다. 죽음에서 삶으로, 다시 죽음으로의 귀결. 결국 '죽음'에 대한 문제는 〈에브리맨〉의 제목처럼 '모두 다'의 문제이자, '누구나'의 이야기 이라는 것. 즉, 할아버지의 죽음도, 미셸 바르트의 죽음도, K의 죽음도, (억울한) 신해철의 죽음도, T의 죽음도, 그리고 언젠가 다가 올 나의 죽음도 말이다. 그래서 우리는 소설이 필요하고, 영화가 필요하고, 사진이 필요하고, 음악이 필요한 것이 아닐까. 리허설이 없는 죽음을 이렇게라도 미리 마주할 수 있도록.

디렉터스 컷

| 박준범 감독, 2014년 |

—

"무조건 시작하는 것이야말로 무언가를 성취하기 위한 가장 중요한 걸음, 바로 첫걸음이다."로버트 로드리게즈가 자신의 첫 번째 독립 장편영화 〈엘 마리아치〉의 제작 일지인 〈로버트 로드리게즈의 십 분짜리 영화 학교〉에서 한 말이다. 박준범 감독의 〈디렉터스 컷〉의 해랑도 아마 이와 비슷하게 시작했을 것이다. 십 년간 단편 영화를 만들어 왔던 해랑은 드디어 첫 번째 독립 장편영화 〈기럭지〉를 촬영하고 있는 중이다. '무조건 시작' 하다 보니 표현 하고 싶은 것에 비해 예산이 턱없이 부족하다. 프로듀서는 촬영 중에도 계속해서 예산에 맞게 시나리오를 수정하라며 채근한다. 첫 번째 장편 영화라 각오도 단단하고 패기도 있지만, 그 넘치는 각오와 패기는 종종 주변 사람들은 물론 자기 자신을 상처주기 마련이다. 촬영이 진행될수록 절친인 촬영 감독과 프로듀서와의 트러블은 쌓여만 가고, 돈도 받지 않은 채 함께하던 스탭은 해랑의 '영화만을 위하는' 독단적 태도에 화가 나서 떠나고 만다. 그 와중에 스탭들은 고된 촬영으로 인해 귀갓길에 교통사고가 나 응급실에 실려 가고, 설상가상으로 언제나 지지해 줄 것만 같았던 여자 친구마저도 등을 돌린다. 급기야 예산이 바닥나면서 얼마 남지 않은 촬영마저 중단된다.

영화의 중반부까지 봤을 때 톰 디칠로의 〈망각의 삶〉이 자연스레 떠올랐다. 어느 저예산 영화 현장에서 감독인 닉(스티브 부세미)은 서서히 미쳐간다. 촬영 감독은 상한 우유를 먹고 배탈이 나 화장실을 들락거리고, 배우들은 촬영만 시작되면 대사를 까먹고, 동시 녹음팀의 붐 마이크는 카메라 앵글에 잡히기 일쑤다. 이렇게 배우에 치이고, 스탭에 치이고, 장비에 치이다가, 겨우겨우 현장이 정리가 되는 것 같다가도 또 다시 엉뚱한 곳에서 사고가 나며 닉의 인내심을 테스트해 나가던 〈망각의 삶〉처럼 〈디렉터스 컷〉 역시나 비슷한 상황이 우스꽝스럽게 일어나는 좌충우돌 독립영화 만들기에 대한 이야기겠거니 생각했다. 하지만 영화를 좀 더 따라가다 보면 제목인 '디렉터스 컷'이 가리키고 있는 지점이 좀 더 묵직하고 치열한 곳이었음을 발견하게 된다. 〈망각의 삶〉이 영화 촬영장에서 벌어질 법한 피로한 현실을 환타스틱하면서도 우스꽝스럽게 살짝 비켜서 풀어내는 게 미덕이었다면, 〈디렉터스 컷〉은 영화라는 현실 안쪽으로 한 걸음 더 들어가는 식이다. 그렇기에 회사를 다니던 시청자들이 〈미생〉을 보며 장그래의 얘기가 마치 자신의 얘기인양 공감했던 것처럼, 대한민국에서 영화를 하는 사람들이라면 〈디렉터스 컷〉의 해랑을 보며 자신의 과거와 현재가 조금씩 겹쳐지고, 주위의 영화하는 친구들의 모습들도 조금씩 떠오르게 되는 건 어쩔 수 없는 것 같다.

영화를 보며 제일 먼저 떠올랐던 친구는 부산에 있는 Y다. 아마도 해랑이 부산 사투리를 쓰며 부산에서 영화를 찍고 있었기에 Y가 제일 먼저 떠올랐을 것이다. Y와의 인연은 8–9년 전으로 거슬러 올라간다. 내가 영상미디어센터에서 강의를 할 때 수강생으로 만났던 Y는 번뜩이는 아이디어가 넘쳐나던 재미난 형이었다. 처음부터 연출보다는 작가를 하고 싶어 했던 Y는 한동안 이태원과 난곡을 전전하며 시나리오를 쓰다가 몇 년 전 부산으로 돌아갔다. 물론 그는 부산의 어느 고시원에서 여전히 시나리오를 쓰고 있는 중이다. 수강생과 강사로 5개월 정도 만난 인연이었기에 연락이 끊기기 십상인 관계일 텐데 Y는 잊을만하면 반갑게 연락이 와서 막 완성한 시나리오나 트릿트먼트를 한 번 읽어보라고 한다. 결과적으로 아직까지 데뷔를 못 했으니 여전히 작가 지망생이지만, Y만큼 영화를 좋아하는 사람을 나는 여전히 알지 못한다. 한 달 전엔가는 스릴러 시나리오를 쓰고 있다며 신이 나서 전화가 왔는데, 고시원에서 〈살인의 추억〉을 다시 보는 내내 가슴이 두근거렸다는 소년 같은 얘기를 하고 있는 걸 보니, 이 사람은 정말 못 말리겠구나 하는 생각이 새삼 들었다.

영화를 보며 생각난 또 다른 친구는 원주에 있는 G다. 그는 수 년 전 꽤 흥미로운 블랙 코메디 단편 영화를 몇 편 만들어 여러 영화제에 초청을 받았고, 이름만 대면 알만한 모 감독님의 조감독 출신이기도 하다. G는 여러 해 동안 첫 장편 영화 데뷔를 준비 하다가 얼마 전 공기도 좋고 집값도 싼 원주로 떠났다. 물론 그곳에서도 자신의 첫 영화를 위한 시나리오를 여전히 쓰고 있는 중이다. G와의 대화 패턴은 항상 비슷하다. 가끔 맥주를 한 잔 할 때면 G는 언제나 주도권을 잡고 전체 대화의 90퍼센트 정도를 지금 쓰고 있는 시나리오나 새롭게 떠오른 아이템, 그리고 오랜 기간 동안 변함없이 간직하고 있는 영화에 대한 애정과 꿈에 대해 이야기를 한다. 그럴 때마다 나는 여간해야 끊이지 않는 G의 영화 얘기 사이사이에 거의 피처링 수준으로 리액션을 하는 식이다. 나는 G가 영화에 대해 열변을 토할 때마다 그렇게 영화가 좋냐고, 영화가 아니면 진짜 안 되는 거냐고, 정말 우리 삶에서 영화가 그 정도씩이나 된다고 생각하냐고, 의심스럽게 되물어보지만 눈을 동그랗게 뜨며 돌아오는 답은 언제나 같다. 영화가 아니면 안 된다는 것. 오직 영화여야만 된다는 것.

〈디렉터스 컷〉의 해랑에게로 다시 돌아가 보자. 중단된 해랑의 첫 장편 영화 〈기럭지〉는 과연 완성될 수 있을까. 촬영이 중단된 상태에서 프로듀서는 어떤 제작사의 대표와 미팅을 한다. 대표는 남은 제작비를 대는 대신 몇 가지 조건을 내건다. 프로듀서를 바꾸고 시나리오의 엔딩을 바꾸자는 것, 그리고 최종 편집권을 넘겨 달라는 것. 프로듀서는 영화를 위해 자신의 크레딧마저 포기하며 이 제안을 받아들이자고 해랑에게 권한다. 길길이 날뛰며 제안을 거부하던 해랑은 결국 자신의 첫 영화를 완성하기 위해 타협하고 만다. 촬영이 마치자 제작사 대표는 약속대로 자신이 원하는 편집 버전을 만들어 간다. 대표는 이렇게 편집한 스타일이 관객들이 더 좋아하는 영화라며 해랑을 설득한다. 해랑은 촬영장에서 고집을 내세우며 찍었던 장면들이 편집되는 것이 내키지 않지만 어쩔 수 없다. 그렇게 최종 편집본은 완성되고 해랑은 자신이 선택한 타협의 결과를 쓸쓸하게 받아들인다.

야밤에 해랑은 다시 편집실로 발걸음을 돌린다. 편집실 문이 열리지 않자 그는 안간힘을 다해 사다리를 타고 높다란 벽을 오르고 다시 오른다. 마침내 벽에 난 창문을 타고 넘어가 아무도 없는 편집실에 침투한다. 컴퓨터를 켜고 완성된 최종 편집본을 다시 꺼내든 해랑은 그렇게도 자신이 원했던 '나의 한 컷'을 결국 살리고야 만다. 그렇게 해랑의 첫 번째 장편 영화 〈기럭지〉의 '디렉터스 컷'은 눈물겹게 완성된다. 어쩌면 해랑 말고는 아무도 중요하다고 생각하지 않을 지도 모를 그 '한 컷'. 〈미생〉의 김대리가 장그래에게, 나 하나쯤 어찌 살아도 사회든 회사든 아무렇지도 않겠지만 그래도 이 일이 지금의 나야, 라고 말할 때, 장그래가 조치훈 9단의 말을 빌려서 중얼거렸던 '내 바둑'이 생각나는 순간이다. "바둑 한판 이기고 지는 거, 그래 봤자 세상에 아무 영향 없는 바둑"인데, "왜 이렇게 처절하게, 치열하게 바둑을 두십니까? 바둑일 뿐인데... 그래도 바둑이니까. 내 바둑이니까. 내게 허락된 세상이니까"라고 하던 절절한 말, 절절한 꿈, 그렇게도 절절한 내 바둑. 아마도 한밤의 편집실에서의 해랑 역시나 '나의 한 컷'을 살리면서 "그래도 영화니까. 내 영화니까. 내게 허락된 세상이니까"라고 다독이며 아무도 알아주지 않는 '나의 한 컷'을 지켜내고, 아직 아무도 몰라주는 '나의 첫 장편 영화'를 몰래 완성하지 않았을까.

이렇게 자신의 '첫 장편 영화'를 완성하기 위해 모험을 하고 있는 해랑의 모습을 보고 있자니 나는 Y와 G가 쓰고 있다는 첫 번째 영화의 시나리오들이 더욱 궁금해졌다. 그리고 언젠가 그들이 만들어 낼, 아직은 완성되지 않은, 나의 친구들의 내일의 영화를 여전히 기다리는 중이다. 그렇게 자신의 영화를 뚜벅뚜벅 만들어 가고 있는 세상의 해랑들에게, 로드리게즈들에게, 닉들에게, Y들에게, G들에게, 당신들의 영화들을 몹시도 기다리고 있다고 말하고 싶어졌다. "왜 이렇게 처절하게, 치열하게 영화를 만드십니까? 그저 영화일 뿐인데… 그래도 영화니까. 내 영화니까. 내게 허락된 세상이니까."

만신

| 박찬경 감독, 2013년

―

〈만신〉을 보면서 두 가지 질문이 맴돌았다. 첫 번째 질문. 〈만신〉은 왜 다큐멘터리와 드라마를 왔다갔다하고 있는가. 그러니까 박찬경 감독은 왜 김금화의 다큐멘터리를 굳이 김새론과 류현경과 문소리의 재연과 더불어 보여주고 있는가에 대한 의문. 우리는 이미 많은 다큐멘터리에서 그 일부를 픽션화한 것을 본 바 있다. 가깝게는 토요일 밤 11시마다 〈그것이 알고 싶다〉(엄밀하게 말하자면 다큐는 아니지만 다큐 영상과 재연 연상이 넘나든다는 점에서)에서, 좀 멀게는 에롤 모리스의 〈가늘고 푸른 선〉(1988)에서, 더 나아가서는 다큐멘터리의 시작이라고 일컫는 로버트 플래허티의 〈북극의 나누크〉(1922)에 이르기까지 다큐멘터리 속에 픽션이 개입되는 역사는 다큐멘터리가 시작되는 순간부터 있어왔다. 물론 다큐멘터리에서 픽션이 등장하는 계기는 층위가 다르다. 〈그것이 알고 싶다〉는 사건의 실체적 진실에 다가가기 위해서, 〈가늘고 푸른 선〉은 진실에 다가서기 위해 머뭇거리는 성찰을 위해서, 그리고 〈북극의 나누크〉는 픽션으로서의 영화와 기록을 위한 다큐멘터리의 경계가 지금처럼 단절적이지 않았던 초기 다큐멘터리의 한 양상을 보여주는 식으로 다큐멘터리와 픽션의 경계를 넘나든 바 있다. 그렇다면 〈만신〉이 다큐멘터리와 픽션을 넘나들고 있는 이유는 무엇일까. 이것이 첫 번째 질문.

　또 하나의 질문은 네 명의 '분신'으로 등장하는 김금화(들)에 대한 것이다. 〈만신〉에는 어린 김금화를 연기하는 김새론과 내림굿을 받는 시기의 김금화를 연기하는 류현경과 전쟁 이후의 김금화를 연기하는 문소리, 그리고 실제 김금화, 이렇게 네 명의 김금화(들)이 등장한다. 단순하게 생각하면 나이가 듦에 따라 배우들이 바뀌어 등장한다고 볼 수 있겠지만, 그런 의도였다면 류현경과 문소리를 합쳐서 분장만 다르게 가도 충분했을 것이다. 게다가 〈만신〉은 세 명의 배우들이 각각 해석한 김금화를 보여줄 뿐 세 배우를 연속적으로 그려내는 것에는 크게 관심이 없어 보인다. 영화에서 '분신들'로 캐릭터를 그려내는 데에는 나름의 고려가 있기 마련이다. 이를테면 조나단 카우엣이 연출한 자전적 다큐멘터리 〈타네이션〉에는 여러 카우엣(들)이 등장한다. 이 다큐멘터리를 찍고 있는 현재의 나, 여러 독립 영화 클럽에서 다양한 캐릭터들을 연기하는 나(존 카메론 미첼은 영화 〈숏버스〉에 오디션을 보러 온 배우 카우엣과 인연이 되어 〈타네이션〉을 프로듀싱한다), 청소년 시절의 셀프 카메라에서 성폭행을 당한 여성을 연기하고 있는 나, 심지어 자막에서는 스스로를 1인칭 '나'가 아닌 3인칭 '조나단'으로 호명하기까지 한다. 이처럼 어그러진 데칼코마니 같은 카우엣(들)을 다양한 방식으로 출몰시키며 상처받은 자아로서의 아이덴티티를 그려나간다. 또한 토드 헤인즈의 〈아임 낫 데어〉는 여섯(혹은 일곱) 명의 밥 딜런(들)을 재현하는 배우들이 인과관계 없이 병렬적으로 등장하다가 마지막에 이르러서야 진짜 밥 딜런이 노래하는 다큐멘터리 장면으로 마친다. 이를 통해 끝없는 변신의 삶을 살아간 밥 딜런의 독특한 아이덴티티를 그려낸다.

다시 〈만신〉의 두 번째 질문으로 돌아와 보자. 박찬경 감독은 〈만신〉에서 왜 김금화를 자연인 김금화만이 아닌 세 명의 배우를 등장시켜서 김금화(들)로 그녀를 재구성하고 있는가. 이것은 과연 적절하고 효과적인 영화적 장치일까. 이 질문은 첫 번째 질문인 왜 〈만신〉은 다큐멘터리(자연인 김금화)와 픽션(재연된 김금화)을 넘나드는가라는 질문과 자연스럽게 이어진다. 나는 〈만신〉을 보는 내내 이 두 가지 질문을 할 수밖에 없었고, 응답은 지연되다가 마지막 씬에 이르러서 해소가 된다.

마지막 장면인 쇠걸립 직전에 나오는 인터뷰. "칼날에 올라서는 게 무당의 위치라고 봐요. 무당은 신도 아니고 사람도 아니거든요. 신과 인간의 중간잔데, 어디 갈 데가 없어요... 그래서 그 칼날에 섰을 때 존재감이 생기는 거죠." 결국 이 두 가지 질문에 대한 응답은 중간자로서의 '김금화', 더불어 중간자로서의 '영화 〈만신〉'으로 수렴되고 있었다. 마지막 장면에서 카메라는 어린 김금화가 쇠걸립하러 다니는 모습을 쫓는다. 쇠걸립은 방울과 같은 무구를 만들기 위해 마을 사람들에게 못 쓰는 쇠들을 얻는 행위를 말하는데, 어린 김금화는 마을 사람들에게, 자신을 죽이려 했던 첩보대장에게, 자신이 명복을 빌어줬던 귀신에게서 쇠를 얻는다. 그리고 또 다른 김금화들인 류현경에게는 총알을 얻고, 문소리에게는 '카메라'를 얻는다. 이어서 이 영화를 촬영하고 있는 카메라와 스탭들도 화면에 등장하기 시작하고, 이들도 쇠걸립에 동참하며 카메라의 안 팎이 서서히 무너지기 시작한다. 그리고 자연인 김금화는 자신의 허구적 분신들이 벌이는 이 영화 속 풍경에 등장해 함께 섞이고, 이를 통해 실제와 허구의 경계들도 사라져간다.

이렇게 신과 인간의 중간자로서 '만신'의 이야기는 실제와 허구의 중간 자로서 그 경계에 서 있는 '배우'와 '카메라'의 이야기가 되고, 나아가 다 큐멘터리와 픽션의 중간자로서 '영화 〈만신〉' 스스로의 이야기가 되어간 다. 죽은 쇠를 한데 모아다가 산 쇠를 만드는 쇠걸립처럼 김금화와 그녀 의 분신들이 한데 모이고, 실제와 허구가 모이고, 다큐멘터리와 픽션이 모이고, 이들을 촬영하던 카메라와 스탭마저도 섞이면서 영화 〈만신〉 스 스로가 한판의 굿으로 전이된다. 카메라는 녹아서 무당의 방울이 되고, 만신은 배우가 되고, 배우는 만신이 되고, 굿은 영화가 되고, 영화는 굿 이 되며 닫혀 있던 경계의 문들이 하나둘씩 열린다. 어린 만신의 신명난 외침처럼. "닫은 문은 열려왔소!"

메이킹 필름

| 최원경 감독, 2012년 |

—

    프랑소와 트뤼포의 〈히치콕과의 대화〉를 보면 〈염소좌 아래서〉를 촬영할 당시 히치콕과 잉그리드 버그먼이 갈등을 빚는 이야기가 등장한다. 영화 속엔 복잡한 롱테이크씬이 여러 번 등장하는데 어느 날 버그먼이 롱테이크가 싫다며 히치콕에게 화를 낸다. 히치콕은 논쟁하기 싫어서 그녀가 등을 보이고 있는 사이 몰래 떠나버렸고, 버그먼은 그가 떠난 줄도 모르고 20분 동안이나 불평을 늘어놓는다. 버그먼은 언젠가 트뤼포에게 롱테이크를 찍는 동안 세트들이 허공으로 사라지는 것 같은 공포감을 느꼈다고 말하고, 트뤼포는 이를 히치콕에게 전한다. 그러한 버그먼에게 히치콕은 다음과 같이 말했다고 한다. "잉그리드, 이건 영화일 뿐이야."

    세기의 감독과 배우가 만나 '롱테이크'를 두고 다툰 사건은 구경꾼들에게는 재미난 에피소드겠지만 당장 영화를 만들어야 하는 그들에게는 피로한 현실일 게다. '폭력'을 모티프로 한 단편 세 편을 묶은 〈레디액션! 폭력영화〉 중 최원경의 〈메이킹 필름〉에서는 감독과 배우의 갈등이 폭발한다. 누군가가 검은 봉투를 뒤집어 쓴 채 의자에 묶여 있다. 그에게 복면을 쓴 자가 다가와 유서를 억지로 읽게 한다. 그리고 곧 그를 살해할 것 같다. 이 모든 걸 정면에 있는 카메라가 찍고 있다. 영화의 첫 대사. "잠깐, 잠깐, 컷해요. 컷. 못하겠어요." 납치된 자를 연기하는 배우가 납치범을 연기하는 감독에게 외치는 소리다. 배우가 외치는 '컷'을 경계로 납치극은 중단되고 (페이크) 다큐멘터리로 장르는 갑작스레 전환된다. 배우는 곧 죽을 것 같은 상황에서 뭔가 딜을 해야 하는 연기가 '거짓말'같다고 토로하고, 감독은 네 자신이 아닌 '캐릭터'를 연기하라며 설득한다. 이렇게 '영화'를 촬영하던 카메라는 '컷'이 되지 않고 계속 돌아가고 있고, 결국 감독과 배우의 갈등을 담은 한 컷짜리 롱테이크 '메이킹 필름'이 되어 버린다.

영화를 만드는 감독과 배우는 다양한 화학작용을 일으키기 마련이다. 클린트 이스트우드는 배우로서 경험한 돈 시겔과 세르지오 레오네 감독에 대해 다음과 같이 이야기한다. 시겔은 다른 사람 생각을 듣기를 좋아했고, 모든 사람에게서 아이디어를 얻으며, 참여하는 분위기를 만들어 갔다고. 반면 레오네와는 (그와 일하는 게 즐거웠다는 전제 하에) 여러 대화를 나누긴 했지만 영화의 스타일에 대한 이스트우드의 생각을 신뢰하지는 않았다고 말한다. '배우 이스트우드'는 감독이 자신에게 손은 어디에 놓으며 대사는 이런 식으로 해보라고 말하는 걸 좋아하지 않았다고 하면서도 비토리아 데시카 감독이 대사를 읽어주며 "내가 하는 걸 잘봐"라며 직접 걸음걸이를 보여주는 방식이 즐거웠고 이를 받아들였다고 말한다. 그렇다면 '감독 이스트우트'가 배우를 대하는 방식은 어떨까. "보통은 배우들이 가지고 있는 보따리를 풀어놓고 능력을 펼치는 걸 보는 쪽을 선호합니다. 물론 모두들 자신의 기량을 펼칠 수 있게 좋은 분위기를 만드는 건 제 몫이죠. 촬영 전에 다른 데서 힘을 빼는 일이 없게, 촬영에 전력을 기울일 수 있게요."

〈메이킹 필름〉에서 갈등은 해결될 기미가 보이지 않는다. 감독은 아까 네가 '컷'하기 전까지의 감정이 너무 좋았기 때문에 이 장면을 포기할 수 없다고 말한다. 무엇보다 배우인 네가 먼저 '컷'을 외치면 절대 안 된다고 못 박는다. 영화 현장에서 '액션'과 '컷'은 기본적으로 감독이 배우를 조율하는 언어다. 감독의 '액션'에서 연기를 시작해 '컷'에서 마무리한다. 〈메이킹 필름〉의 감독은 배우를 자신이 원하는 캐릭터로 만들어가고 싶기에 '컷'에 대한 권한을 강조하고 있는 중이다. 옴니버스 〈쓰리, 몬스터〉중 박찬욱의 〈컷〉에서 영화감독으로 분한 이병헌의 첫 대사는 '컷'이다. 감독의 '컷' 한 마디에 뱀파이어는 연기를 멈추고 배우로 돌아오고, 영화라는 '판타지'는 삶이라는 '(비극적) 현실'로 전환된다. 〈아메리카의 밤〉에서 프랑소와 트뤼포는 직접 감독으로 출연하고 있는데, 그가 처음으로 외치는 대사 역시나 '컷'이다. 여기서 배우들은 여러 가지 사고를 친다. 대사와 동선을 반복해서 틀리고, 연애 문제로 현장을 이탈하며, 급기야 사고로 죽기까지 한다. 영화를 만든다는 것이 거의 불가능해 보이는 상황이지만, 트뤼포는 죽어가는 영화를 구원하기 위해 외치고, 또 외친다. '컷, 다시 합시다.' 이처럼 '컷'의 힘은 강하다. 〈메이킹 필름〉의 감독은 자신의 원대로 다시 '컷'을 외칠 수 있을까.

감독과 배우는 갈등은 점점 깊어져 간다. 급기야 배우는 촬영을 그만 두겠다고 선언한다. 잠시 머뭇거리던 감독은 배우의 목을 칼로 베어 버린다. 이내 목에선 피가 솟아오른다. 죽은 건가 싶어 정신이 나가 있는 배우에게 감독은 괜찮다고 말한다. 네가 죽기 직전의 감정을 잡는데 도움이 될까 싶어 연출한 것일 뿐이라고. 이렇게 〈메이킹 필름〉은 마친다. 베르너 헤어조크와 '그의 친애하는 적' 클라우스 킨스키의 관계도 만만치 않다. 헤어조크는 〈아귀레, 신의 분노〉를 촬영하던 중 킨스키가 광분하며 현장을 이탈하려 하자 "네가 가면 8발의 총알을 네 머리에 쏠 거고, 9발 째는 날 쏠 거다"라고 말한다. 다행히 총알은 발사되지 않았고, 완성된 영화는 걸작이 되었으며, 훗날 헤어조크는 〈나의 친애하는 적, 클라우스 킨스키〉라는 다큐를 만들어 킨스키를 기린다. 〈아귀레, 신의 분노〉가 멋지게 완성된 것처럼 〈메이킹 필름〉의 감독과 배우도 그들의 중단된 영화를 과연 완성할 수 있을까. '메이킹 필름'이 끝난 바로 그 처절한 시점에서 두 사람의 '진짜 영화'는 다시 시작되어야만 할 것이다. 영화에 대한 꿈 하나로 겹겹의 무게를 버텨내고 있는 세상 모든 감독, 배우, 스탭들의 건투를 진심으로 빈다.

명령불복종 교사

| 서동일 감독, 2014년 |

●

나의 교실

| 한자영 감독, 2010년 |

—

첫 번째 교실. 다큐멘터리 〈명령불복종 교사〉의 초반부, 2008년 12월 16일 설은주 선생님의 집이다. 야밤에 교감 선생님이 방문하는데 서울시 교육청에서 발부한 해임 의결서를 통보하기 위해서다. 내일부터 학교에 나오지 말라는 한 밤의 갑작스런 통보. 교감 선생님 자신은 교육청의 방침을 전달하는 것일 뿐이라는 민망한 변명을 하면서 말이다. 영화는 전국의 초중고등학생에게 '국가수준학업성취도평가'인 일제고사를 보게 하는 것이 부당하다고 생각한 선생님들이 학생들에게 시험 보지 않을 권리를 선택할 수 있게 해주었다는 이유만으로 일곱 명의 선생님을 해임 및 파면했던 시간들을 기록하고 있다. 해임된 교사들은 학생들과 작별 인사라도 하게 해달라고 요청하지만 그마저도 쉽지 않다. 한 밤에 갑작스레 국가로부터 해고 통보를 받은 '죄 없는' 선생님들을 보면서 자연스레 카프카의 〈소송〉이 떠올랐다. K는 어느 날 아침, 자신이 체포되었음을 갑자기 통보 받는다. '죄 없는' K는 자신의 무죄를 증명하기 위해 악몽과도 같은 소송을 준비하기 시작한다. 선생님들도 마찬가지다. 이들은 2008년 12월 이후, 강단에 서지 못하고 자신의 무죄를 증명하기 위한 힘겨운 소송을 펼쳐나간다.

두 번째 교실. 이번엔 카메라를 학생들에게로 잠깐 돌려보자. 서동일 감독의 〈명령불복종 교사〉가 죄 없는 선생님에 대한 이야기였다면, 한자영 감독의 다큐멘터리 〈나의 교실〉(2010)은 죄 없는 여고생들의 이야기다. 2010년의 어느 여자 상업고등학교의 3학년 2학기 교실. 열아홉 살에 진로를 취업으로 결정하고 구직을 하고 있는 아이들이 주인공이다. 집안 형편이 어렵기에 오빠는 장남이라 대학을 가야 하지만, 자신은 취업을 할 거라는 누리, 취직은 했지만 1년짜리 계약직이라 다른 정규직들과 차별 대우 받는 것을 통해서 가혹하게 현실을 배워가고 있는 진수, 취업 확정에 대한 기쁨도 잠시, 사소한 회계 실수로 회사에서 '도둑년' 소리를 듣고 있는 시나. 모두들 평범한 소녀들이지만 열아홉의 이들에게 펼쳐진 교실 밖 사회는 가혹하기만 하다. 그래서 다시 교실로 돌아와 친구들과 카메라 앞에 자신의 처지에 대해 하소연을 하는 소녀들. 모두들 어느 날 아침에 눈을 떠보니 죄도 없는데 체포되었다라고 하는 카프카의 비극적 우화가 실감나게 하는 사연들이다.

이렇듯 〈명령불복종 교사〉와 〈나의 교실〉에서 보여주는 교실 이야기는 갑갑하다. 이들이 원하는 '좋은' 교육과 직장이라는 평범하고 당연한 요구는 현재의 대한민국이란 필터를 거치는 순간 판타지, 혹은 악몽이 되어버린다. 카프카의 〈법 앞에서〉의 시골 사람처럼 문제의 해결을 위해 '법의 문'으로 들어가고자 요청하지만, 그 앞을 가로막고 있는 '문지기의 선언'을 통해서 번번이 좌절해야만 하는 현실처럼. "그러나 지금은 안돼." 선생님과 학생들이 소박하게 바라는 폭력적이지 않은 교육 정책, 차별당하지 않는 직장 환경, 이걸 당당하게 요구할 수 있는 권리, 그리고 불안하지 않은 미래... 허나 돌아오는 대답은 항상, "그러나 지금은 안 돼."

세 번째 교실, 이번엔 다큐멘터리가 아닌 2015년, 현재 진행 중인 사건이다. 지난 교육감 선거 당시 조희연 교육감이 경쟁자였던 고승덕 후보의 미국 영주권 보유 의혹을 제기한 것에 대해 허위사실 공포에 대한 죄목으로 1심 판결에서 당선 무효형이 나온 사건. 그간 특권학교 폐지와 혁신학교 확대 등 개혁적인 교육 정책을 추진해 왔던 조교육감의 더 나은 교육에 대한 행보가 이 판결로 인해 동력이 떨어지진 않을까 우려되는 판결이다. 국민 배심원단의 평결이니 1심의 유죄 취지에 대해서 더더욱 인정할 수밖에 없다고 하더라도, 상대 후보의 미국 영주권 보유 의혹 제기가 '당선 무효형'이 될 수 있다는 사실은 아무리 접어줘도 가혹하다. 고승덕 후보가 선거 기간 중에 조교육감에게 마찬가지로 제기한 여러 의혹에 비춰 봐도 그렇고, 그간 수많은 선거에서 벌어졌던 상대 후보에 대한 의혹 제기 수준에 비춰 봐도 그렇고, 조교육감에게 당선 무효형이란 극단적인 판결이 내려졌다는 것은 법의 잣대가 언제나 그렇듯 공평하지 않다는 걸 다시 한 번 상기시킨 계기가 된 듯하다. K가 무죄 증명을 위해 꽉 막힌 '법의 문'을 통과하려고 부단히도 애썼던 것처럼, 조교육감 역시나 앞으로 펼쳐질 지난한 소송의 시간을 묵묵히 버텨나가야 할 것이다.

〈명령불복종 교사〉의 해직 교사들은 소송 1년 후 "이 사건 이전과 이후에 유사한 행위를 한 교사에 대해 견책에서 정직 3개월의 징계가 내려진 것과 비교할 때 해임의 중징계를 한 것은 지나치게 무거운 것으로서 징계권 남용"이라는 판결을 통해 힘겹게 복직한다. 그렇다면 〈나의 교실〉의 소녀들은 지금 어디에 있을까? 잘은 모르겠지만 〈미생〉의 오과장이 장그래에게 한 말마따나 '버티는 게 이기는 거야'라고 스스로에게 다독이며 아마도 맥주 한 잔과 함께 꿋꿋이 버텨가고 있을 거야라며 막연하게 그려 본다. 이처럼 대한민국에서 '교실'이라는 단어를 떠올리면, 아무리 희망적인 그림을 그려보려 해도 결국 딱딱하고 건조한 풍경만이 두둥실 떠오르게 된다. 결국 K는 무죄 증명을 위해 법의 미로를 헤매다가 절망하며 "개와 같구나"라고 외치고 비극적인 죽음을 선택한다. 법 앞의 문지기의 "그러나 지금은 안 돼"와 무죄 소송을 펼치는 K의 "개와 같구나". 이러한 금지와 절망, 이 두 가지 탄성 사이에서 우리의 선생님과 아이들은 딱딱하고 건조한 교실의 문을 매일같이 넘나들고 있는 건 아닌가 싶다.

밀양 아리랑

| 박배일 감독, 2014년 |

—

상동면 여수마을에 사는 영자는 어릴 적엔 여군이 되는 게 꿈이었다. 하지만 여군의 꿈을 접고 마을에 정착하게 되면서 다른 꿈을 꾸게 된다. 처음 농사를 지을 때 이웃들이 자기 일 마냥 도와줬던 것이 고마웠기에 그걸 되갚으면서 살아야겠다는 꿈이었다. 그러다가 10여 년 전부터 마을에 송전탑이 들어서려 하는 걸 보며 새로운 꿈이 생겼다. 송전탑과 그것의 뿌리인 원전을 막는 것이 마을을 넘어서 국가의 안녕과 평화를 위한 것이라는 꿈. 꿈이 사라진 건조한 세상에, 아니 꿈이래봤자 밥벌이나 돈벌이에 대한 계획만 늘어놓는 퍽퍽한 세상에서 영자는 이 꿈을 말하며 활짝 웃는다. 그런데 그 꿈의 방향이라는 게 참 멋지다. 보통 어릴 적에는 아무 생각 없이 큰 꿈을 꾸다가 서서히 세상을 알아가고 상처받으면서 그 꿈을 잃게 되고, 그러다가 점점 쪼그라들어 자신만을 위해 근근이 살아가는 게 범인들의 삶이지 않은가. 하지만 영자는 젊을 적엔 군인을 꿈꾸다가, 나이가 들어서는 마을 공동체에 대한 꿈으로, 할머니 소리를 듣는 지금에서는 나라의 안녕과 평화를 위한 꿈을 꾸고 있다니. 그렇게 〈밀양 아리랑〉의 할머니들은 몸이 약해질수록 점점 더 강해지는 꿈을 꾸며 살아가고 있었다.

공선옥의 소설 〈꽃 같은 시절〉에도 〈밀양 아리랑〉의 할머니들과 비슷한 꿈을 꾸는 할머니들이 나온다. 전라도 한켠의 시골 마을 진평리에 석재 공장이 불법으로 들어오게 되면서 매일 같이 돌 깨는 소리와 돌 분진이 휘몰아치게 되고, 이로 인해 공동체의 삶이 위협 받게 된다. 이를 막아내기 위해 할머니들은 모이기 시작하고 이들의 삶에 감응이 되어 영희와 해정은 그 공동체의 일원이 되어간다. 이 이야기는 작가가 할머니들 곁에서 함께 겪은 실화를 바탕으로 쓴 것인데, 그래서 그런지 진평리의 할머니들과 밀양의 할머니들이 자연스럽게 겹쳐지는 면이 있다. 밀양의 할머니들처럼 진평리의 할머니들도 꿈을 꾼다. 소설의 후반부, 오명순할머니가 밭농사를 하는 도중 돌아가신다. 오명순 할머니는 먼저 죽었지만 아직 이승을 뜨지 못하고 마을 근처를 서성이던 절친 이오덕 할머니를 만나 저승길로 막 접어들기 전에 한참 수다를 떤다. 이오덕 할머니가자기가 없는 사이에 벌어진 이승에서의 이야기를 해달라고 하자, 오명순할머니는 신이 나서 말한다. “자네 떠난 뒤에 내가 꽃 같은 시절을 보내다 왔어.” ‘꽃 같은 시절’이라. 무슨 얘기를 하려는 걸까. 젊었을 적엔 국가에서 시키면 억울해도 순종만 하면서 살았건만, 구십이 되어서야 “상전 앞에서도 헐 말을 다하는” “디모(데모)”를 하다 왔다는 것이다. “못살것이라고 악을 써도 암도 들어주는 사람이 없고 암도 들어주는 디가 없으면 가서 악을 쓰는 것이 디모여. 디모를 다 해보고, 경찰서를 가보고 이오맹순이가 말년에 꽃시절을 보내고 오네. 시방.” 오명순 할머니와 그 친구들은 국가와 남편과 시집 앞에서 억울해도 꾹꾹 참으며 살아왔던 사람들이었지만, 나이가 들면서 더욱 용기가 생겼고 꿈이 생겨서 마을을 지키기 위해 국가와 자본에게 너네가 잘못됐다라고 당당하게 말하며 즐겁게 '디모'를 하고 있는 중이었다.

밀양과 진평리 할머니들이 공동체를 지키고자 하는 꿈에 대한 상상력은 어디서 나오는 것일까. 영화를 보며, 소설을 읽으며 나는 이 상상력은 어쩌면 '함께 나누어 먹는 것'에서 나오는 것이 아닐까하는 생각이 들었다. 〈밀양 아리랑〉의 할머니들은 틈만 나면 음식을 함께 나누어 먹는다. 영화의 첫 장면도 먹으면서 시작하고, 마지막 장면에서도 이들은 함께 먹는다. 첫 장면에서 영자와 친구는 마치 거대한 가나안땅을 염탐하던 여호수아와 갈렙 마냥 야밤에 송전탑이 세워질 부지를 향해 조용히 오른다. 우연히 버려진 수박을 발견해 신이 나서 함께 깨먹기도 하고, 챙겨온 단감을 나눠 먹으며 어떻게 저들과 제대로 한판 붙을까에 대해서 두런두런 모의를 한다. 마지막 장면인 2014년의 어느 날, 농성장이 공권력에 의해 강제 철거되기 직전에도 그들은 둥글게 앉아서 밥을 맛있게 나누어 먹고 있다. 〈꽃 같은 시절〉에서도 함께 먹는 장면이 자주 등장한다. 도시에 살다가 졸지에 철거민이 되어 진평리로 이주한 영희는 얼떨결에 쇄석기 설치 반대 위원장까지 맡게 되고, 마찬가지로 소설을 쓰기 위해 서울에서 마을로 잠시 내려온 해정은 영희로 인해 농성장에 이끌리듯 나가게 된다. 어느 날 해정이 몸이 안 좋아 농성장에 나오지 못하게 되자 영희는 앞집 사는 언니가 끓여준 깨죽을 들고 그녀에게 찾아간다. 그러면서 할머니들이 농성장에서 나눠주는 밥에 대해 얘기한다. "... 무슨 피크닉하는 줄 알고 지나가는 사람들이 맛있겠다며 밥 좀 달라고 오죠. 그러면 특히 할머니들이 어서 오시라고 하고 밥을 퍼주죠. 그런데 노인들이 왜 군청 앞에서 밥을 해먹고 있는지 묻지도 않고 밥만 먹고 가버려요. 나는 첨에 그것도 그렇게 화가 났어요." 할머니들이 나눠주는 밥을 그저 먹고만 가버리는 무심한 행인들을 보며 도시에서 온 영희는 서운함을 느꼈을 법도 하다. 그러나 할머니들과 함께 지내기 시작하며 그녀도 서서히 변하기 시작한다. "... 근데, 이제 제가 그래요. 지나가는 사람이 있으면 무조건 오라고 하죠. 그래서 그 사람이 와서 맛있다고, 잘 먹고 간다고 하면 그렇게 고맙고 좋을 수가 없어요. 내가 뭐라고 해도 할머니들이 그냥 웃기만 하는 것이 첨엔 답답했죠. 근데 자꾸 반복되다보니까, 제가 그분들을 닮아가요. 근데, 그분들처럼 하니까 맘이 참 좋더라구요. 그저 좋더라구요."

〈밀양 아리랑〉과 〈꽃 같은 시절〉의 할머니들은 그저 같이 나눠 먹는다. 그렇게 나눠 먹으면서 세월을 버티다보니까 처녀적엔 군인을 꿈꾸던 그녀가, 어른이 되어선 마을 공동체를 꿈꾸게 되고, 할매가 되어선 모두의 평화를 위한 꿈을 꾸게 된 것이 아닌가 싶었다. 나아가서 이 나눠 먹는 삶이란 자신의 꿈만 확장시키는 것이 아니라, 옆 사람의 꿈까지도 전염시키는 힘이 있다. 영희는 할머니들의 나눠 먹는 모습을 통해서 자신도 점점 할머니들의 마음이 되어 간다. 그리고 그녀는 지금 해정에게 깨죽을 들고 와 함께 먹는다. 해정 역시나 영희와 할머니들의 모습을 통해 그렇게 달라지고 있는 중이다. 이렇게 나눠 먹는 삶이란 더 큰 꿈을 갖게 하면서, 동시에 타인의 꿈도 변화시키는 힘이 있다.

밀양에선 작년 9월 69개의 송전탑이 모두 완성되었고, 현재 신고리 1, 2호기에서 생산된 전기를 시험 송전 중이다. 그렇다면 할머니들의 싸움은 끝난 것일까. 그리고 패배한 것일까. 영자는 웃으며 이렇게 말한다. "버티는 거죠. 사람이 배짱이 있어야 되거든. 그런 배짱 때문에 이렇게 살아가고 있는 것이고. 앞으로도 그 배짱으로 살아보려고요." 그 배짱 때문인지 100여 명의 밀양 주민들은 완성된 송전탑 밑에 다시 농성장을 세웠다. 그리고 밀양을 넘어서 충남 당진과 원전 단지인 고리와 월성 등을 찾아가 송전탑 반대 운동을 펼친다. 그곳에서도 여전히 할머니들은 음식을 나누어 먹으며 자신들의 꿈을, 공동체에 대한 상상력을 다른 이들에게까지 전염시키고 있었을 것이다. 그래서 그런 것일까. 영자가 농성장 모닥불 곁에 앉아 가사를 살짝 바꾸어 컨츄리풍으로 나직이 부르던 나훈아의 〈사내〉가 영화를 다 보고 난 후에도 내게 전염이 되어 입가에서 계속 맴돌았다. "큰소리로 울면서 이 세상에 태어나 / 가진 것은 없어도 비굴하진 않았다 / 한 땐 사랑에 빠져 비틀댄 적 있지만 / 입술 한 번 깨물고 사내답게 웃었다 / 긴가민가하면서 조마조마하면서 / 설마설마하면서 부대끼며 살아온 / 이 세상을 믿었다 나는 나를 믿었다 / 추억 묻은 친구야 물론 너도 믿었다 / 미련 같은 건 없다 후회 역시도 없다 / 여자답게 살다가 여자답게 갈 거다"

해정은 희정이 가져온 깨죽을 먹다가 그녀에게 뭐라고 말을 해주고 싶었으나 무슨 말을 해야 할지 몰라 망설이다 결국 하지 못한다. 그러다 그녀가 떠난 다음에야 하고 싶었던 말이 뒤늦게 떠오른다. "당신은 참 예쁜 사람이라고." 밀양과 진평리에서 함께 살아가는 세상을 꿈꾸는 할머니들의 까맣게 탄 민낯과 깊게 패인 삶의 주름들을 향해서도 이 말을 고스란히 전해드리고 싶다. "당신은 참 예쁜 사람이라고."

불안한 외출

| 김철민 감독, 2014년 |

●

경계도시

| 홍형숙 감독, 2002년 |

—

"존경하는 재판장님. 37년 만에 경계인으로서 조국 땅을 밟으면서 저는 다섯 마리 원숭이에 대한 우화를 생각했습니다. 사육사가 매일 아침 나무 꼭대기에 신선한 바나나를 매달고, 전류를 통하게 했습니다. 첫 번째 원숭이가 바나나를 따려고 나무에 오르다가 흐르는 강한 전기에 놀라 포기했습니다. 두 번째, 세 번째, 네 번째 원숭이도 연이어 포기했습니다. 이튿날 새로 들어온 다섯 번째 원숭이가 나무에 오르려 하자, 네 마리 원숭이가 그를 말렸습니다. 그러나 다섯 번째 원숭이는 만류를 뿌리쳤습니다. 사육사가 이미 전류를 끊었는데도 네 마리 원숭이는 그 사실을 몰랐던 것입니다. 국가보안법을 신주단지처럼 모시는 국가정보원과 공안검찰, 거대 언론, 그리고 이른바 지식인들이 바로 위에 지적한 네 마리 원숭이가 아닐까 생각해 봅니다. 네 마리 원숭이가 벌였던 그 시끄러운 굿판이 결국 도깨비장난에 지나지 않았다는 사실이 몰고 올 또 한 번의 충격을 기대해 봅니다." 남과 북 사이의 '경계인'으로 살고자 했으나 이를 허락할 생각이 없는 대한민국의 국가보안법 앞에서, 독일 뮌스터 대학의 송두율 교수는 2004년 3월에 열린 1심 최후 진술에서 이처럼 말한 바 있다.

66

다큐멘터리 〈경계도시〉(2002)가 2000년, 재독철학자 송두율이 33년 만에 조국 방문을 시도하지만 실패하는 과정 속에서도 '경계인'으로 살아 가고자 하는 삶의 가능성을 보여주는 다큐멘터리였다면, 4년 후인 2004 년, 그가 실제로 대한민국에 입국하게 되면서 벌어지는 아수라장을 추 적하는 〈경계도시2〉(2009)는 거꾸로 대한민국 안에서 '경계인'으로서의 삶을 선택하는 것이 불가능함을 적나라하게 보여준다. 다섯 번째 원숭 이를 자처했던 송두율은 국가보안법이라는 전류가 이미 끊어진 거라고, 혹은 끊어질 거라고 희망했지만, 결국 15년 형의 중형을 선고 받는다. 이 후 2심에서 무죄 판결을 받고서는 한국에서의 삶을 포기하고 다시 떠나 고 만다. 고국에서 상처 받은 그는 경계인으로의 삶을 유지하기 위해 다 시 독일로 돌아가고 만 것이다. 그에게 있어 경계인의 삶이란, 여전히 한 국 '안'에서는 불가능하다고, 오직 한국 '바깥'에서만 가능하다는 생각이 들었기에 이런 선택을 하지 않았을까.

송두율이 경계인의 삶을 살기 위해 대한민국 국경 '바깥'을 선택했다 면, 아니 선택할 수밖에 없었다면, 다큐멘터리 〈불안한 외출〉(2014)은 국 경 '안'에서 경계인의 삶을 살아내려 하는 사람들의 이야기다. 이야기의 주인공은 윤기진과 황선 부부. 1997년, 한총련 의장이 된 윤기진은 2011 년까지 10년간의 수배 생활과 5년간의 복역을 거쳐 겨우 자유를 찾는다. 15년 만에 자유를 얻은 윤기진과 수배 중 결혼한 동지이자 아내인 황선, 그리고 두 딸, 민이와 겨레의 '외출'이 시작되지만 그리 만만치 않다. 국가 의 물리적 경계를 만드는 것이 국경선이라면, 이념적 경계를 만들고 있는 것은 여전히 국가보안법이다. 김대중도, 노무현도 감히 못 건드렸던 이념의 경계선, 국가 보안법. 물리적 경계인 국경이야 여권만 있다면야 쉽게 넘나들 수 있겠지만, 이념의 경계인 국가보안법은 넘어가는 순간, 평범한 사람도 범죄자가 되어버리곤 한다.

황선은 국가보안법에 대해 다음과 같이 말한다. "국가보안법의 피해를 받아 본 사람들이 공통적으로 갖고 있는 약간의 패배의식 같은 건데요. 이길 수 있다고 생각하지 않는 것 있잖아요. 저거(국가보안법)는 그렇게 작정을 했으면 그렇게 되는 법이다. 양심을 버리지 않는 한." 두 번째, 세 번째, 네 번째 원숭이도 연이어 포기하게 만든, 여섯 번째, 일곱 번째 원숭이도 지레 겁을 먹고 포기하게 만들, 그 어떤 논리도, 합리도, 상식도, 무너뜨리는 국가보안법이라는 경계의 표지. 그 옛날 존 레넌이 'imagine' 을 노래하며 함께 상상해보자고 요청했던 것은 '경계를 지우는 일'이었다. "나라가 없다고 상상해 보세요 / 천국이 없다고 상상해 보세요 / 그리고 종교란 것도 없는 / 소유가 없는 세상을 상상해 보세요" 나라의 경계를 넘어서, 종교의 경계를 넘어서, 돈의 경계를 넘어서는 상상들.

존 레넌은 세상의 모든 경계를 없애는 '상상'이 '그리 어려운 일은 아니죠'라고 44년 전부터 노래했건만, 대한민국 국경 안쪽에선 여전히 쉽지 않다. 윤기진과 황선은 15년 만에 가족과 함께 할 자유를 되찾았지만, 이들은 이 자유란 게 언제 부서질지 모른다며 고심 중이다. 윤기진은 출소되자마자 다시 국가보안법 위반 혐의로 재판을 받게 된다. 이번에 문제가 된 것은 옥중 편지. 윤기진이 아내와 동료에게 보낸 '편지'가 국가의 안전과 민주적 질서를 위협하고 있으며, 그런 목적으로 제작된 이적표현물이라는 것이다. 근데 이 '문제의 편지'라는 게 이미 감옥에서 바깥으로 보내질 때 기관에서 검토를 한 후 '검열필' 도장을 찍어 통과시킨 편지라는 것. 황선이 말한, "저거(국가보안법)는 그렇게 작정을 했으면 그렇게 되는 법"이라는 국가보안법에 대한 설명이 바로 이런 걸 말하는 것일 게다. 이 패턴은 최근의 국정교과서 사태에서도 비슷하게 돌출된 바 있다. 국가에서 이미 검열한, 즉 '검인정' 받은 교과서를 '올바르지 않은 교과서'라고 주장하는 창의적인 역발상. 하지만 자기 발에 스스로 도끼를 내려찍는 것 같은 이러한 태도들이 엉뚱하게도 편지를 쓴 자의 손을, 국정교과서를 반대하는 자의 입을 내려찍으려 든다.

송두율은 〈경계도시〉에서 다음과 같이 말한다. "이것이냐, 저것이냐는 양자택일의 논리로선 아무것도 해결할 수 없다는 것. 그것이 명쾌하게 보이지만 결국은 우리를 혼돈 속에, 불안 속에 집어넣을 수밖에 없다. 0과 1 사이에는 0.001도 있고, 0.99도 있다는... 엄청난 스펙트럼이 있는데 그걸 0과 1로 환원하는 것은 어떻게 보면 굉장히 우리 사고를 명쾌하게 하는 것 같지만 현실은 절대 그렇지 않다는 것." 이처럼 통일에 대한 철학적 상상을 할 때 이분법적 사고를 넘어서야 한다고 말하는 것은 바로 그가 지향하던 '경계인'으로서의 삶에 대한 태도에서 연유한다. 하지만 2004년에 송두율 사건에서 보여줬던 우리 사회의 풍경은 0과 1로 가로지은 경계 사이에서 수많은 상상들을 할 수 있다고 말하는 게 녹록치 않은 현실이었고, 이런 상황은 현재도 그다지 다르지 않은 것 같다. 그렇다면 여전히 경계인으로서 살고 싶은 사람들은 과연 어떻게 해야하는 걸까. 상처받은 노교수는 경계인으로 살기 위해 경계 '바깥'으로 떠날 수밖에 없었고, 경계 '안'에 남아 있는 자들은 국가보안법의 서슬에 오늘도 '불안한 외출'을 하고 있는 중이다. 떠나거나, 불안하거나.

〈경계도시〉의 감독 홍형숙은 이런 자막으로 영화를 마쳤다. "대한민국에서는 아직도 일상적인 행위조차 '결단'이 필요하다는 사실을 기억하라." 국가보안법으로 경계를 나누는 이곳에선 어떤 일상의 행위조차 결단이 필요할 때가 있다. 황선, 윤기진 부부의 외출처럼 말이다. 세상의 모든 경계는 결국 폭력을 낳기 마련이다. 종교의 경계, 국경의 경계, 이념의 경계, 자본의 경계, 남북의 경계, 동서의 경계, 시리아의 경계, IS의 경계, 이주노동자의 경계, 그리고 집회 장소의 경계... 그런데 여기 경계를 넘어서 태어난 아이가 있다. 황선과 윤기진의 둘째 딸 겨레. 그녀는 평양에서 태어났다. 2005년 당시, 윤기진은 여전히 수배 중이었지만, 황선은 시부모님과 함께 평양 관광을 할 수 있었다. 예정일 보다 이른 진통이 왔고, 황선은 평양산원에서 겨레를 낳았다. 당시 통일부에서는 황선에게 축하 화환과 반지를 보내기도 했다. 이게 무슨 초현실주의적인 SF 스토린가 싶기도 하겠지만, 615 공동선언 덕분에 남북관계가 지금 보다는 나았던 '먼 시절'의 아득한 이야기다.

이렇게 겨레의 고향은 평양이 되었다. 평양이라. 평양이 고향인 아이

라. 그곳은 국경의 바깥인 걸까, 안쪽인 걸까. 아니면 바깥이면서도 동시에 안쪽인 곳일까. 아니면, 바깥도 안도 아닌, 어떤 곳인 걸까. 경계 저쪽에서 태어나 경계 이쪽에서 살아가는 아이. 경계를 넘어서는 곳에서 태어난 아이. 0과 1 사이의 아이, 겨레. 나는 겨레가 세상의 모든 경계를 가로지르며 자유롭게 맘껏 상상하는 삶을 살 수 있길 바란다. 그녀가 나이가 들어 좀 더 어른이 되기 전에 우리 사회가 부디 그렇게 맘껏 상상할 수 있는 사회가 되길 상상해 본다. 폭력 없는 경계 위에서 함께 'imagine'을 부를 수 있길 바라며. "나라가 없다고 상상해 보세요 / 그리 어려운 일은 아니죠 / 누군가를 죽여야 할 일도, 무엇인가를 위해 죽어야 할 이유도 없는 / 모든 사람이 평화롭게 살 수 있다고 상상해 보세요." 얼마 전 12월 8일, 존 레넌이 죽은 지 35년이 지났다. 존이 말한 것처럼 우리는 여전히 더더욱 상상하길 원한다. 경계의 이쪽저쪽을 넘나드는 상상, 그걸 맘껏 표현할 수 있는 상상, 더불어 나와 다른 상상을 하는 것조차 기꺼이 존중할 수 있는 상상. 그리고 네 마리 원숭이가 벌였던 그 시끄러운 굿판이 도깨비장난일 뿐이라는 상상. 그렇게 0과 1 사이에서 넘쳐나는 상상들이 현실이 되길 바라는 또 한 번의 상상.

생각보다 맑은

| 한지원 감독, 2014년 |

나는 터보의 '회상'이란 노래를 싫어했다. 그 노래를 처음 들은 건 1998
년 1월 어느 날, 모 국군 병원에서였다. 나는 그때 이등병 신분으로 입원
한 상태였고, 거기서도 쫄병이었던 나는 병실 선임들의 온갖 잡다한 잔
심부름을 도맡아 하는 중이었다. 제일 싫었던 건 엘리베이터가 없던 병
동 1층에서 생수통을 받아와 4층의 정수기에 세팅을 해야 했던 것. 심지
어 나는 허리 디스크 환자로 입원한 상태였지만, 얄짤 없이 계급으로 돌
아가는 게 군대 아니던가. 병실에 있으면 이런 심부름이 전부 내 차지가
되었기 때문에, 나는 틈만 나면 선임들의 시선을 피해 도망가기 일쑤였
다. 그리고 병원 구석 어딘가에 숨어 소포로 배달 된 '인물과 사상' 시리
즈를 읽는 게 유일한 해방구였던 시간들. 그러나 생수기의 물은 얼마나
자주 떨어졌던 지. 물이 떨어지는 족족 선임들은 어떻게든 나를 찾아내
끌고 나가 생수 배달을 시켰다. 이때 병원에서 무한반복으로 울려 퍼졌
던 마이키의 랩. '겨울 오면은 우리 둘이서 항상 왔었던 바닷가 / 시린 바
람과 하얀 파도는 예전 그대로였지만 / 나의 곁에서 재잘거리던 너의 해
맑던 그 모습 / 이젠 찾을 수 없게 되었어'.

실은 이 노래가 싫었다기 보다는, 허리의 고통이 싫었고, 치통으로 입원한 일등병이 디스크 환자인 나에게 생수통 심부름을 시키는 게 싫었고, 그래서 계급이 싫었고, 군대가 싫었던 거였겠지만, 내 인생의 가장 지옥 같았던 시간들 중 하나였던 1998년 초의 겨울을 떠올리면, 병동에서 반복해서 울려 퍼지던 김종국의 목소리가 떠오르는 건 어쩔 수 없다. '보이지 않지 나의 뒤에 숨어서 바람을 피해 잠을 자고 있잖아 / 따뜻한 햇살 내려오면 깰 거야 조금만 기다려'. 소설가 김연수는 〈청춘의 문장들〉에서 '한 편의 시와 (살아온 순서대로) 다섯 곡의 노래 이야기'란 제목으로 노래와 연결된 삶의 기억들을 기록한 바 있는데, 만약 비슷한 방식으로 내게 글을 써보라고 한다면 첫 번째 페이지에 있을 노래가 터보의 '회상'이 되지 않을까 싶다.

밴드가 하고 싶던 강보는 엄마의 강권에 기타를 내려놓고 입시 공부를 하기 시작한다. 그리고 밴드를 같이 하던 예미에게 더 이상 밴드를 하지 않겠다고 선언한다. "이제 입시의 험난한 지옥을 거쳐 대학이란 자격증을 손에 넣은 뒤, 취업 전사로서 주 5일 근무 후, 휴일에는 압구정에 있는 커피집에 가서 인도네시아에서만 생산되는 사양 고양이 커피 코피루왁을 마셔줄 수 있는 벌이가 좀 되는 괜찮은 직장을 구해야한다고 봐." 애니메이션 〈생각보다 맑은〉의 한 에피소드 '코피루왁'의 시작이다. 강보가 밴드를 그만두는 이유에 대해 구구절절 설명하다가 코피루왁 운운하자, 예미는 잠시 망설이다가 강보의 아구창을 날려 버린다. "우리는 음악을 하기 위해 대가를 지불해야해. 제물 같은 거야... 메탈의 세계는 심오"

하다고 생각하는 예미에게 강보는 청춘의 배신자이며, 비겁자다. 그깟 사양 고양이가 만든 커피, 코피루왁을 위해 메탈을 버리다니. 아마 당시의 예미는 코피루왁이 뭔지 알고 싶지도 않고, 그따위 먹고 싶지도 않으며, 강보를 음악에게서 뺏어간 코피루왁이 그저 싫지 않았을까.

'무한도전 토토가'를 뒤늦게 챙겨 보았다. 18년 만에 등장한 터보의 김정남이 화제를 모았었는데, 나 역시나 오랜만에 등장한 그를 보며 그동안 어디서 뭐하고 살았을까하며, 인간 김정남이 궁금해졌다. '토토가'에서는 다행스럽게도 '회상'이 나오진 않았다. 이 노랜 김정남이 탈퇴한 후 김종국과 마이키가 불렀기 때문인데, 아마도 '회상'을 불렀다면 파블로프의 개처럼 반사적으로 채널을 돌렸을지도 모를 일이다. 그러다가 '힐링캠프'에 김종국과 김정남이 나온다고 해서 그것까지 챙겨보게 되었다. 그저 김정남이 궁금해져서 말이다. 거기서 김정남을 챙기는 김종국을 보면서 그가 생각보다 멋있는 사람이었구나, 몰랐었네, 하는 생각을 하게 됐고, 그러다가 괜시리 마이키도 궁금해지기 시작했다. 마이키는 지금 뭐하고 있을까. 내가 싫어했던 '겨울 오면은 우리 둘이서 항상 왔었던 바닷가'를 중얼거리던 1998년의 그때 그 마이키.

그러고 있는데, 마이키가 등장했다. 힐링 캠프 말미에 SBS 가요 프로그램에 이벤트로 등장한 김종국과 마이키의 모습을 보여준 것이다. 그러면서 흘러나오는 노래. '겨울 오면은 우리 둘이서 항상 왔었던 바닷가...' 피식, 내가 그토록 싫어했던 노래를 갑작스레 듣고 있는데 엉뚱하게도 반가운 마음이 일었다. 이 노래를 제대로 듣는 건 이때가 처음이었다. 제대 후에도 어디선가 전주만 흘러나와도 왠지 다시 끌려 나가 생수통을 짊어지고 계단을 올라야 할 것 같은 기분이 들어 언제나 피했던, 바로 그 구슬픈 기억의 노래.

주말이면 코피루왁을 마시는 삶을 살길 바랬던 고등학생 강보는 결국 자살을 한다. 마지막 장면, 대학생이 된 예미는 코피루왁이 파는 카페를 부러 찾아간다. 겨울 밤, 그녀는 사양 고양이가 만든 커피를 마시며 따뜻한 카페의 온도에 안정감을 느낀다. 한 때 그녀는 밴드를 그만두겠다며 코피루왁 운운하던 강보를 비겁하다고 생각했지만, 현재의 그녀는 이 커피를 마시며 따스함을 느끼고 있는 중이다. 17년 전 내게 터보의 '회상'은 끔찍한 노래였지만, 지금의 나는 그 노래를 들으며 이 글을 쓰고 있는 중이다. 하긴, 애초에 코피루왁에 무슨 잘못이 있었으며, '회상'에 무슨 문제가 있었겠는가. 이렇게 시간은 여지없이 흐르고, 그러면서 세상을 대하는, 사물을 대하는, 나의 마음도, 그녀의 마음도 조금씩 달라져 가는 가보다. '회상'을 반복해서 들으며, 코피루왁의 온기를 느끼며.

몇몇 단편 영화들

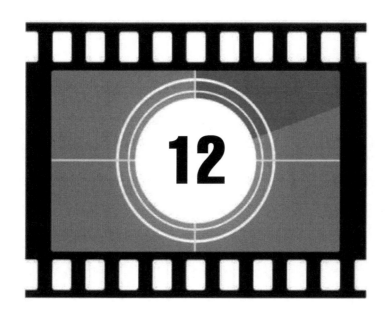

디지털 랜드 스케이핑

| 고상석 감독, 2013 |

찬물 샤워

| 김소성 감독, 2014 |

내가 했습니다

| 정해성 감독, 2014년 |

나는 중식이다

| 정중식 감독, 2014 |

—

　고상석 감독의 〈디지털 랜드 스케이핑〉은 컴퓨터의 그래픽 이미지툴로
만들어진 작품이다. 영상은 드넓은 강, 그 끝에 맞닿아 있는 산, 그리고
하늘이 그려진 스틸 이미지에서 시작한다. 세계의 시작은 이렇게 고요하
고 평화로웠다는 것처럼. 이어서 반복되는 마우스 클릭과 더불어 쌓여나
가는 이미지들. 강은 가로막혀 땅이 되고, 그 위엔 똑같은 모양의 아파트
들로 가득 메워진다. ctrl+c와 ctrl+v의 반복 작업. 클릭, 클릭. 그러다, 기
대치 않았던 반전이 시작된다. 그래픽 속 스틸 이미지인 줄로만 알았던
나뭇잎들이 생기를 얻으며 바람에 흔들리기 시작하고, 화면 밖에선 실
제 새소리가 들려오기 시작한다. 그 순간, 디지털 이미지는 컴퓨터를 빠
져나와 우리가 살고 있는 현실을 가리키기 시작한다. 이미지 복사로 만
들어진 컴퓨터 안 풍경이 실은 우리가 딛고 살아가는 바로 이곳임을 가
리키는 것이다. 이는 우리가 살아가는 도시가 마치 ctrl+c와 ctrl+v의 무
한 반복을 통해 똑같이 만들어진 세상이라는 것을 상상하는 계기가 된
다. 이처럼 오늘도 포크레인은 강을 가로막고, 산을 무너뜨리며, 그 위에
똑같이 생긴 길고 딱딱한 것들을 반복적으로 만들고 있고, 그 안에서
우린 살아가고 있다.

〈디지털 랜드 스케이핑〉이 디지털 이미지로 만든 영화라면 정해성 감독의 〈내가 했습니다〉는 몸으로 만들어가는 영화다. 남자는 차로 사람을 친 후, 방파제에 시체를 유기하지만, 자수를 한다. 형사는 시체를 찾기만 하면 된다. 문제는 지금부터다. 아무리 바다를 뒤져도 시체는 나오지 않고, CCTV엔 사고 현장이 보이지 않으며, 휴지통에 버린 피해자의 소지품도 사라졌다. 형사는 증거가 없으니 자백만으로는 곤란하다며 남자를 풀어주고, 남자는 자신이 사람을 죽였다며 체포해주길 반복적으로 요구한다. 계속해서 체포를 거부당하자 남자는 죄를 입증하기 위해 폭주하기 시작한다. 이렇게 보면 미스터리 스릴러풍의 영화가 아닌가 생각할 수 있겠지만, 영화는 장르의 규범과는 가장 먼 방향으로 달려 나간다. 영화의 미덕은 바로 여기에 있다. 롱테이크와 롱숏이 빈번하게 등장하고, 시체를 찾으려 안간힘을 쓰는 주인공의 모습은 '미스터리'하지도 않고, '스릴'이 있지도 않다. 시체 (찾기)라는 맥거핀을 두고 허우적대는 주인공의 몸짓으로 채워지는 플롯은 관객의 기대를 계속 미끄러지게 만들며 실소를 자아내게 한다. 아, 이렇게 텅 빈 시체 찾기 영화라니.

앞의 두 편이 도시 개발과 시체 찾기라는 타자와의 관계에서 촉발되는 영화였다면 여기선 '나'로부터 시작되는 작품들을 소개할까 한다. 김소성 감독의 다큐 〈찬물 샤워〉는 아기의 천진한 모습과 여자(감독)의 피로한 모습, 그리고 남자의 자는 모습이 겹쳐지는 일종의 비디오 다이어리처럼 시작한다. 지출해야할 돈의 목록과 친정 엄마가 50만원을 보냈다는 문자, 그리고 방바닥에 굴러다니는 결혼식 사진들은 이들의 삶이 녹록치 않음을 보여준다. 여기까지는 젊은 부부와 갓난아이의 삶을 다룬 신혼 일기처럼 보여 진다. 그러다 여자의 '찬물 샤워'씬 이후, 이들이 방에서 나오기 시작하며 서사는 방향을 바꾼다. 여자는 아기를 안고 광화문으로 간다. 이들이 향하는 곳은 일민 미술관. 그곳에선 지금 "토탈리콜 : 기록하는 영화, 기억하는 미술관"이라는 전시가 진행 중이다. 미술관엔 여기저기 설치 영상들이 상영되고 있다. 안고 있는 아기는 보채고, 여자는 피로하다. 그러다가 설치 영상 뒷면에 자리를 잡고, 미니 빔 프로젝터를 설치한 후, 여자는 자신이 찍은 영상을 상영하기 시작한다. 허가 받지 않은 이 스크린 앞에는 "주최 측과 협의되지 않은 작품"이라고 조그맣게 붙여 놓고. 사적 이미지들의 파편으로 이어지는 영화는 육아, 결혼, 돈, 예술 하기(혹은 예술가 되기), 나아가 미술관이라는 장소를 사적으로 전유하는 '스쾃' 등 몇몇 질문거리를 느릿하게 보여주며 말을 건네고 있다.

마지막으로 소개할 〈나는 중식이다〉는 '소니 액션캠'으로 만든 정중식 감독의 사적 다큐다. 그가 카메라를 산 이유는 소박하다. 자신이 자전거를 타고 다니는 장면을 찍기 위해서. 잠이 안 오는 날 밤엔 컴퓨터를 켜고 작곡을 하기도 한다. 아, 중식은 지금 첫 영화를 찍고 있는 감독이기도 하지만, '중식이 밴드'의 뮤지션이기도 하다. 중식의 20대는 비판만을 일삼던 'SNS 소크라테스' 같은 삶이었지만, 30대가 된 지금은 쌓아뒀던 말들의 책임감을 느끼는 중이다. 올해 31살이 된 중식은 생각이 많아지고 왠지 불안하다. 돈, 직업, 예술, 연애, 결혼, (아이도 없지만) 육아... 길가다 흘러나오는 노래, 크라잉 넛의 '5분 세탁'. 어릴 적 좋아했던 노래를 들으니 눈물이 난다. 허나, 지금 그가 할 수 있는 것이란 세탁기에 소니 액션캠을 넣고 돌리는 것뿐. 세탁기 안에서 세차게 돌아가는 영상. 이렇게 중식은 자신이 할 수 있는 것이란 '할 수 있는 한, 할 수 있는 것 안에서 해결하는 것'이라는 것을 배워나가는 중이다. 영화감독이 되고 싶었지만 아무도 자신을 찍어주지 않아 찍게 된 영화, 〈나는 중식이다〉. 이는 지금 그가 만들 수 있는 최대 퀄리티의 영상이다. 그의 발랄하게 고뇌하는 청춘을 지지한다.

성실한 나라의 앨리스

| 안국진 감독, 2014년 |

·

살인 재능

| 전재홍 감독, 2014년 |

—

애초에 리플리는 디키를 죽일 생각이 없었다. 호텔 보이와 피아노 조율사로 밥벌이를 하고 있던 리플리에게 우연찮게 대부호 그린리프가 다가와 이탈리아에서 놀고먹고 있는 아들 디키를 찾아달라고 부탁만 하지 않았다면 말이다. 부자의 세계에 대한 호기심과 큰돈을 벌 수 있다는 생각에 가난한 리플리는 이탈리아로 날아가게 된다. 거기서 자신과는 차원이 다른 세계에서 살고 있는 디키를 알게 되며 점점 그를 닮고 싶어 한다. 여기서 리플리의 '재능'이 서서히 드러나기 시작한다. 디키의 말투, 필체, 취향 등 그 모든 것들을 똑같이 따라할 수 있는 리플리의 재능. 여기까지는 흔히 언급하는 '리플리 증후군'에 대한 이야기다. 허나 리플리의 재능은 여기서 멈추지 않는다. 영화가 끝난 뒤에도 계속 이어지게 될 더욱 리플리다운 재능은 따로 있다. 리플리는 디키의 모든 것을 갖기 위해, 디키를 살해 한다. 그리고 스스로 디키가 되어 버린다. 자신의 정체를 알아버린 디키의 친구 프레디까지 죽이게 되며 이는 '연쇄 살인'으로 진화된다. 이것이 재능 있는 '연쇄 살인마' 리플리씨의 탄생 스토리다. 리플리 비긴즈.

이는 패트리샤 하이스미스의 소설 〈재능 있는 리플리씨〉를 원작으로 한 안소니 밍겔라 감독의 〈리플리〉의 이야기다. 같은 소설을 원작으로 한 르네 클레망의 〈태양은 가득히〉 역시나 엔딩을 제외한다면 큰 틀에 서는 크게 다르지 않다. 최근에 개봉한 두 영화 속 청춘들의 슬프고도 끔찍한 '살인 재능'을 보며 리플리의 '재능'이 생각났다. 〈살인 재능〉의 수진과 〈성실한 나라의 앨리스〉의 수남의 연쇄 살인. 평범한 삶을 살아가던 수진과 수남, 그리고 바다 건너 리플리는 왜, 어쩌자고, 갑자기, 이렇게 끔찍한 살인을 시작하게 된 걸까. 그리고 이 살인의 끝은 어디일까.

〈살인 재능〉의 수진은 8년 간 다니던 회사에선 막 쫓겨났다. 그 와중에 여자 친구는 아르바이트로 일하던 카페를 결혼할 수진(의 신용 대출)만 믿고 사들이기로 결심한다. 여자 친구에게 회사에서 잘렸다는 말을 차마 하지 못하던 수진은 그녀가 카페를 인수한다고 하자 사실을 털어 놓는다. 자신의 능력 없음을 고백하지만 돌아오는 건 이별 통보. 수진은 이달 말까지 카페 인수를 위한 잔금 3억을 자기가 책임지겠다고 소리치지만 딱히 대책은 없다. 면접에서는 계속 떨어지고, 급기야 아는 선배를 찾아가 돈 봉투를 들이밀며 취직을 시켜 달라고 졸라도 본다. 결국 수진은 낮에는 닭꼬치 공장에서 꼬치를 꿰고, 밤에는 대리 운전을 하기 시작한다.

〈성실한 나라의 앨리스〉의 수남은 식물인간이 된 남편을 살리기 위해 고군분투한다. 털털거리는 스쿠터를 몰고 다니며 아파트 청소, 식당 일, 신문 배달, 명함 돌리기 등 일을 가리지 않고 악착같이 돈을 번다. 수남은 당초 큰 욕심이 없었다. 남 보다 다소 성실한 캐릭터인지라 고등학교 졸업 때까지 자격증을 열네 개씩이나 따지만, 막상 취직할 때가 되자 딱히 쓸 만한 게 없다. 자격증과는 하등 상관없는 공장에 취직하지만, 그곳에서 사랑하는 사람을 만나게 되고, 이젠 그와 함께 알콩달콩 살아가는 평범한 꿈을 꾸기 시작한다. 하지만 귀가 어두운 남편에게 해 준 최첨단 보청기가 말썽을 일으켜 공장에서 남편의 손가락이 잘려 나가는 사고가 발생하고, 실의에 빠져 있던 남편은 목을 매달고 만다. 다행인지 불행인지 남편은 죽지 않고 코마 상태다. 존엄사에 대한 권유에도 불구하고 수남은 남편과 행복하게 사는 삶을 포기하지 않는다. 그리고 남편의 병원비를 모으기 위해 '성실하게' 다시 일어선다.

이렇게 수진과 수남은 꽤나 성실한 청춘들인데다가 사랑하는 사람을 위해 모든 걸 하고자 하는 사랑꾼들이기도 하다. 수진은 어떻게 해서든 여자 친구에게 카페를 마련해 주기 위해서, 수남은 남편의 병원비를 마련하기 위해서 닥치는 대로 일하며 돈을 모으고 있는 중이다. 하지만 일전에 수남이 2억 7천만 원짜리 집을 사기 위해 돈을 어떻게 모아야 하는지 시뮬레이션을 해본 것처럼 돈이라는 게 잘 모아지는 성질의 것이 아니다. 수남은 하루에 8만원씩 9년 2개월을 '성실하게' 모으면 집을 살 수 있다는 셈이 틀렸다는 사실을 돈을 모으기 시작한지 채 한 달이 되지 않아 깨닫는다. 각종 생활비와 세금이 매달 빠져나간다는 사실을 간과한 것이다. 매일 8만원씩이라면 무려 21년을 모아야지 2억 7천만 원을 모을 수 있다는 사실을 깨닫게 되자, 수남은 대한민국의 누구나들처럼 대출을 받아 집을 마련한다. 돈을 모으기란 이렇게나 어려워 보인다. 수진과 수남은 과연 카페 잔금과 병원비를 어떻게 마련할 수 있을까.

수남은 아파트 청소, 식당 일, 신문 배달, 명함 돌리기를 해봤자 병원비를 마련할 수 없다는 사실을 깨닫는다. 결국 집을 팔기로 결심하는데, 이 와중에 들려온 로또 같은 소식. 자신의 집이 있는 구역이 재개발될지도 모른다는 것이다. 이렇듯 자본주의 사회에서 성실함을 이기는 건 언제나 로또 아니면 재개발이다. 근데 문제는 수남의 집이 있는 구역만이 재개발 예정지라서 다른 구역의 사람들은 반대하고 있다는 것. 사람들은 마을 전체가 재개발 되지 않을 바에야 이 '불균형한 재개발'에 반대하겠다는 것이다. 동사무소의 계장은 수남에게 재개발 동의 서명을 받아오라고 한다. 수남에게 희망의 빛이 비춰오기 시작한다. 재개발만 된다면 병원비를 마련할 수 있다는 희망. 남편과 다시 행복해지리라는 소박한 희망.

수진 역시나 밤낮없이 닭꼬치를 꿰고 대리운전으로 서울 시내를 빙빙 돌아도 이달 안에 까페 인수 잔금을 마련할 수 없다는 사실을 잘 안다. 마침 여자 친구의 남동생이 차를 훔쳐서 팔자라는 제안을 하게 되고, 자동차 문을 딸 줄 알았던 수진은 처음에 내키지 않아하지만 결국 자동차를 훔치게 된다. 닭꼬치와 대리운전 보다는 벌이가 더 나았던 것이다. 이렇게 수남과 수진은 세계가 자신을 거침없이 압박해 들어오자, 평생 생각지도 못했던 일에 발을 들여 놓게 된다. 수남은 재개발 운동을, 수진은 절도를. 목표는 단 한가지다. 남편과 여자 친구를 위해 돈을 모으는 것.

리플리처럼 수진과 수남의 '감춰졌던 재능'이 폭발하는 순간은 그들이 최악의 궁지에 몰린 순간이다. 수진은 차량 절도를 하면서 대리 운전을 해나간다. 그러다가 하필이면 자신을 자른 전 직장 상사의 차를 몰게 되고, 그는 대리운전을 하는 수진을 무시하며 모멸감을 준다. 수진은 충동적으로 상사를 살해하게 된다. 잠시 괴로워하지만 이후로 점점 살인에 쾌감을 얻고 중독되어 가며, 그 '재능'은 진화되어 간다. 한편 수남은 재개발 반대의 선봉에 서 있는 도철에게 서명을 받으러 가지만 그는 서명부를 갈기갈기 찢으며 수남을 폭행한다. 수남은 도철의 빌라 옆에 걸린 재개발 반대 플랭카드라도 없애고자 하는 소심한 복수를 결심하고 찢겨진 서명부에 불을 붙여서 플랭카드를 향해 던진다. 수남은 명함 돌리기를 통해 자기가 원하는 목표물에 명함과 신문 따위를 정확하게 날려 넣는 기술을 습득하게 되는데, 그 재능이 빛을 발하는 순간이다. 정확하게 플랭카드를 향해 날아간 불은 플랭카드를 태워버린다. 그러나 이 소심한 복수는 의도치 않게 도철을 죽게 만든다. 이후로 수남은 자신의 재능을 '살인 재능'으로 진화시킨다. 재개발에 반대하는 세탁소 사장 형석이 자신을 납치하자 단팥빵 안에 들어 있던 따조를 날려 눈을 멀게 한 후 죽이고, 정신 상담사는 자신이 일하는 식당의 식재료인 복어의 독으로 죽이며, 형사들은 식당에서 갈고 닦은 능숙한 칼질로 죽인다. 재개발을 가로 막는 모든 장애물들을 하나씩 제거해 나가는 것이다.

연쇄살인범 리플리처럼 '재능 있는 수진씨'와 '재능 있는 수남씨'가 탄생하는 순간이다. 하지만 각각의 살인이 가리키는 방향은 조금씩 다르다. 리플리의 살인은 타인을 제거하고 리플리 자신이 타인이 되어가는 방식이라면, 수진의 살인은 점차 살인에 대한 쾌감과 중독으로 전이되며 자신의 삶마저도 완전히 파괴해 버리는 방식이다. 리플리는 타인이 되어 버리고, 수진은 자기 스스로를 파괴해 나가는데, 둘 다 자기부정의 방식으로 '살인 재능'을 활용해 나간다면, 수남의 방식은 조금 다르게 오히려 자신의 삶이 도드라지는 식이다. 그녀의 살인은 오롯이 생활밀착형이다. 돈을 벌기 위해 배운 '주방 칼질'과 '명함 날리기'가 살인을 위한 (어쩌면 생존을 위한) 재능으로 활용되고 있는 것이다. 결국 장애물들의 제거(연쇄 살인)을 통해 재개발은 이뤄지고, 코마 상태인 남편과 여행을 떠나는 일종의 환타지로 영화는 마무리된다.

세계가 개인을 짓누를 때 자신이 죽어나가지 않기 위해서 세계에 맞서는 가장 폭력적이고 파괴적인 방식이 바로 타인을 향한 폭력인 살인일 것이고, 이것이 서서히 진화해 나가며 연쇄 살인이란 이름의 범죄가 된다. 이 폭력의 끝이라는 게 리플리와 수진이 보여주는 것처럼 자기를 지우거나, 혹은 자기를 파괴하는 방식이 아니라면, 수남처럼 환타지로 탈출하는 방법밖에 없어 보인다. 어떤 선택지이건 쓸쓸하고 잔혹하긴 매한가지이다. 그렇다면 우리를 짓누르는 이토록 건조한 세계 속에서 타인을 살해 하지 않으면서, 동시에 나도 죽어 나가지 않는 방법이란 무엇이 있을까. 글쎄, 적어도 이것만은 확실한 것 같다. 이 세계를 버티는데 있어 성실함은 그다지 도움이 되지 않는다는 것. 그래서 다들 로또 아니면, 재개발을 고대하나보다.

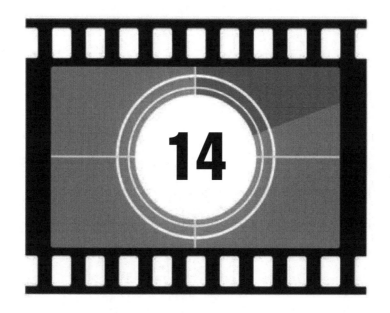

셔틀콕

| 이유빈 감독, 2013년 |

●

한공주

| 이수진 감독, 2013년 |

現재 대한민국 소년소녀들의 삶을 구성하는데 있어 가장 결정적인 기계 장치를 하나만 들어보라고 한다면 여지없이 스마트폰이라 말할 수 있을 것이다. 마찬가지로 현재의 소년소녀들이 등장하는 영화 속에서 스마트폰은 이들의 삶을 이해하는 주요한 장치가 되기도 한다. 〈방황하는 칼날〉에서 소년이 소녀 아버지의 복수를 향해 끔찍하게도 아이패드를 먼저 떠올리는 것처럼 말이다. 〈셔틀콕〉의 첫 장면은 고등학생 민재가 스마트폰으로 찍은 은주의 동영상으로 시작한다. 민재를 향해 환하게 웃고 있는 스마트폰 영상 속의 은주. 그러나 스마트폰 창을 닫고 현재로 돌아오면 은주는 없다. 이들은 배다른 남매인데, 은주는 재혼한 부모님이 돌아가시고 받은 사망 보험금을 챙겨서 사라진 상태다. 이제 민재는 누나를 추적하려고 한다. 단서가 되는 것은 역시 스마트폰 영상이다. 누군가가 인터넷 카페에 올려놓은 스마트폰 영상에서 은주는 어딘가의 마트에서 점원으로 일하고 있다. 민재를 향해 사랑스럽게 웃어주던 누나는 왜 민재를 떠난 걸까. 〈셔틀콕〉에서 스마트폰으로 촬영된 이미지들은 현재를 과거로 이어주는 다리가 되고, 여러 번에 걸쳐 등장하며 민재와 은주의 관계를 드러내는 플래시백 장치가 된다.

스마트폰 출현 이전 시대를 배경으로 한 영화에서도 등장인물이 사적으로 촬영한 과거를 보여주기 위한 장치로서 '홈무비' 혹은 '홈비디오'들이 나오곤 했다. 이를테면 〈더 파크랜드〉에서 폴 지아매티는 밸 앤 하웰의 8mm 필름 카메라를 들고 케네디의 퍼레이드를 구경하러 나갔다가 얼떨결에 암살 장면을 촬영하게 된다. 우연히 촬영된 사적 홈무비가 암살 증거 영상이 되면서 FBI와 경호국이 이를 시급히 확인해야 하는 상황이 벌어지는데 홈무비의 특성으로 인해 이 과정이 다소 답답하게 그려진다. 현상소에서는 현상 중 필름이 손상될 확률을 얘기하고 자신들은 현상 경험이 부족하니 감안하라며 불안하게 만든다. 게다가 겨우 현상된 필름을 확인하기 위해서 다시 암실, 스크린, 영사기가 동원되어야 한다. 또한 이를 FBI가 증거물로 확보하기 위해 복사본을 만들어야 하는데 이 현상실에는 복사할 장비가 없어 다른 현상실로 보내야 하는 상황이 그려진다.

이후 개발된 '홈비디오'는 '홈무비'보다 사정이 낫지만 그래도 만만치 않다. 〈우아한 세계〉의 마지막 장면은 캐나다로 유학 간 자녀와 아내가 찍은 비디오를 기러기 아빠인 송강호가 보는 장면이다. 이 '홈비디오'는 원래 디지털 캠코더로 찍은 영상인데 아빠가 볼 수 있도록 다시 아날로그 비디오 테잎에 카피를 하고, 이를 국제우편인 DHL을 통해 한국으로 부친다. 집배원을 통해 테잎을 전달 받은 아빠는 영상을 보기 위해 TV를 켜고 VTR에 테잎을 넣는다. 케네디 암살은 1963년이고, 〈우아한 세계〉의 배경은 2000년대 중반으로 둘 다 스마트폰이 출현하기 이전의 풍경들이다. 어느덧 스마트폰이 일상화된 현재를 다루는 영화에서는 보기 힘든 장면들이 되어버렸다. 이렇듯 홈무비와 홈비디오 안의 과거를 확인하기 위해서는 물리적으로, 시간적으로, 경제적으로 무거운 과정이 필요했다. 녹화, 현상, 저장, 복사, 이동, 영사(재생) 등의 과정이 분화되어 있기 때문이다. 그러나 'FULL HD 카메라'가 달려있고, '80MHZ의 속도'로 데이터를 보내며, '10만 광대역 LTE 기지국'을 소유한 '잘 생긴' 대한민국의 스마트폰에서는 이 모든 과정이 손바닥 위에서 가볍게 이뤄진다. 누나를 찾아 여행하고 있는 민재이지만 스마트폰을 통해 시공간의 구애를 받지 않고 언제든지 과거에 접속할 수 있는 것이다.

〈한공주〉의 고등학생 공주에게도 스마트폰은 의미심장하게 다가온다. 민재에게 스마트폰에 담긴 과거가 돌아가고 싶은 '꿈'의 시간이라면, 공주에게는 다시는 상기하고 싶지 않은 '악몽'의 시간이다. 민재의 스마트폰 속 은주는 "예쁘게 찍어줘!"라고 말하지만, 공주는 스마트폰을 들이대는 친구들에게 화를 낸다. 민재의 스마트폰 속 은주는 종종 플래시백으로 환기되며 둘의 과거에 대해 질문하게 만들고, 공주의 스마트폰을 향한 불편한 행동은 그녀의 과거에 대한 불안으로 전달된다. 스마트폰을 매개로 과거에 접속하는 두 영화는 그렇게 불안과 공포, 그리고 호기심 속에서 한걸음씩 내딛어 간다.

한편 공주에게 다가오는 스마트폰은 잠시 꿈의 장치가 되기도 한다. 공주가 전학 온 학교의 은희는 공주가 샤워실에서 노래하는 목소리가 예빼서 스마트폰으로 몰래 녹음을 하고, 아카펠라 동아리 친구들은 공주가 노래하는 모습을 스마트폰으로 몰래 촬영해 기획사에 보낸다. 기획사에서 연락이 오면서 공주는 혹시나 가수가 될 수 있을 지도 모른다는 꿈을 꾸기도 한다. 하지만 그 꿈은 오래 지속되지 않는다. 급기야 공주가 그토록 스마트폰을 피하던 이유도 밝혀진다. 공주를 폭행한 소년들이 촬영한 스마트폰 영상이 인터넷에 퍼지고 친구들마저도 이를 보게 되는 것이다. 이렇게 스마트폰 영상은 그 속성에 걸맞게 즉각적이면서도 무한하게 카피되고 동시에 영원해지며 과거의 시간을 현재와 미래의 시간으로 만들어 버린다. 마치 그리스 비극에 등장하는 전지전능한 기계 장치 데우스 엑스 마키나처럼 편재성과 즉각성, 그리고 영원성이라는 속성을 지닌 '꿈'의 기계 장치 스마트폰. 공주는 이 기계에 기록된 과거의 시간으로부터 달아나려 하지만 그는 다시 그녀를 그 시간에 매어 놓고, 민재는 과거의 시간으로 다시 돌아가려 하지만 현실은 한갓 손바닥 안에서만 그 시간으로 돌아가게 할 뿐이다. 그렇게 공주의 꿈은 악몽으로 뒤바뀌고, 민재의 꿈은 한낮 백일몽처럼 아스라해진다.

소꿉놀이

| 김수빈 감독, 2014년 |

●

나는 다큐멘터리 감독이 되고 싶었다

| 이은아 감독, 2003년 |

●

I USED TO BE A FILMMAKER

| 제이 로젠블랏 감독, 2003년 |

———

김수빈의 다큐멘터리 〈소꿉놀이〉(2015)는 이십 대 중반에 얼결에 엄마가 된 '나'의 육아와 결혼에 대한 이야기다. 1990년대 후반 이후 디지털 캠코더가 보편화된 이후 '가볍고 저렴한' 카메라를 들고 '나'의 결혼, 육아, 연애, 관계를 찍는 자전적 다큐멘터리는, 다큐멘터리라는 논픽션 영화라는 장르 안에서 가장 짧은 시간 안에 가장 많은, 어쩌면 가장 흔한 서브장르가 되어버렸다. 허나 이 작품들이 여전히 유효하고 흥미롭게 다가오는 이유는 감독이라는 '나'가 직접 화자가 되어 '나의 욕망'과 '나의 결핍'에 대해 이러저러한 독창적 스타일로 이야기하기 때문일 것이다.

〈소꿉놀이〉에서 꿈 많은 청춘이 어느 순간 '갑자기' 아내, 엄마, 며느리가 되면서 겪는 좌충우돌 통과의례 이야기는 그 자체로는 보편성을 띠지만 내가 더 흥미로워 했던 지점은 여전히 이야기 보다 감독의 욕망이 슬그머니 비춰질 때다. 무엇보다 지금 자신이 겪고 있는 '성장통'이 그 자체로도 의미가 있을 테지만, 이 성장통을 어떠한 순간에도 '내 다큐멘터리'로 만들고 말겠다는 욕망, 바로 그 욕망 말이다.. 그렇기에 '나'는 남편과 박터지게 싸울 때도, 시아버지가 하는 자신에 대한 이야기를 엿들을 때도, 혼자서 아기를 보고, 빨래를 갤 때에도 카메라를 켜두는 것을 잊지 않는다. 이 지점에서 '나'는 '자연인 나'가 아닌 '감독 나'로 자연스레 전이 되기 시작한다. 이를 통해 〈소꿉놀이〉는 성장통을 명랑하게 헤쳐 나오는 스토리를 넘어, 이 성장통을 버텨내는 것을 '찍고 싶은 감독—나'가 되고 싶어 하는 욕망의 지점이 슬쩍 비춰지며 영화가 더 궁금해지기 시작한다. '나'는 카메라를 든 채로 싸우고, 카메를 든 채로 대화를 하고, 카메를 든 채로 아기를 본다. 언제나 '카메라를 든 그녀'가 되는 것이다.

〈나는 다큐멘터리 감독이 되고 싶었다〉(2002)에서도 마찬가지로 가장 흥미로워지는 순간은 '나의 욕망'이 비춰질 때이다. 감독은 부산 영도다리 밑에 사는 노숙자 아저씨들을 기록하기 시작한다. 처음에 다가가기 무서웠던 아저씨들과 서서히 친해진 감독은 문득 이 다큐멘터리를 만들고 있는 '진짜 이유'가 무엇인지 질문한다. 그러면서 '나'의 관심이 노숙자 아저씨들의 삶 보다는 그들을 기록하는 다큐멘터리 감독이 되고자 하는 욕망에 있었음을 깨닫게 된다. 영화의 후반부, 감독이 아저씨들에게 "아저씨들 찍은 거 영화제에 출품하고 싶어요"라고 말하고, "다큐멘터리 감독이 되고 싶어요"라고 고백하는 순간, 영화는 더욱 빛이 나기 시작한다. 어느새 정이 들어 감독을 딸같이 생각하던 아저씨는 꼭 출품해서 네가 바라는 감독이 되라고 격려한다. 이 짧은 대화 장면은 애초에 찍고자 했던 '노숙자'에 대한 다큐멘터리에서는 등장하지 않아도 되는 장면이었다. 하지만 제목에서도 이 성찰의 지점이 반영되고 있는 것처럼 이 영화가 〈나는 다큐멘터리 감독이 되고 싶었다〉라는 제목의 '나'에 대한 이야기가 되면서 감독이 되고 싶다는 고백의 장면은 영화 속 그 어떤 장면보다 간절하게 '나의 욕망'이 발현되는 의미심장한 장면이 된다.

　다큐멘터리에서 이처럼 '감독-나'로서의 욕망이 드러나는 작품으로 가장 위트 있던 작품은 아직까지 내겐 제이 로젠블랏의 ⟨I used to be a filmmaker⟩(2003)만한 작품이 없다. 이 작품은 표면적으로는 딸에 대한 육아 일기를 표방하지만 실은 '나'의 욕망을 '노골적으로' 지향하는 작품이다. 근데 그 욕망이 너무 노골적이어서 귀엽게 다가오는 식이다. '전직 감독'이었던 로젠블랏은 딸이 태어나자 육아로 인해 영화를 만드는 것이 어렵게 된다. 대부분의 시간을 육아에 할애하게 된 감독은 딸을 향해 카메라를 든다. 다큐는 자막과 딸을 찍은 장면이 교차하면서 진행되는데, 여기서 자막이 감독의 욕망이 슬그머니, 동시에 노골적으로 드러나는 지점이다. 자막에는 카메라 워킹이나 영화 관련 전문 용어들이 나열된다. 이를테면 '점프 컷'이라는 자막이 등장하면 딸이 놀이기구에서 점프 하는 장면이 '점프 컷'으로 편집된다던가, 딸이 무언가를 보는 얼굴 다음에는 '플래쉬백'이라는 자막이 등장하고, 이어서 엄마 뱃속에 자신이 있었던 시절의 초음파 영상이 몽타주 되며 마치 딸이 엄마 뱃속 시절을 회상하는 것처럼 연출되는 식이다.

　이처럼 ⟨I used to be a filmmaker⟩는 '육아 비디오'라는 장르를 통해 오히려 감독 자신의 정체성과 욕망을 유머러스하게 드러내는 작품이 된다. 이를 통해 '나'는 딸을 키우는 아빠와 영화를 만드는 감독으로서의 정체성 사이에서 갈등하는 모습을 드러내고 있다. '나'의 영화를 만들고 싶은 욕망은 여기서 멈추지 않는다. '육아비디오'를 빙자한 이 다큐멘터리를 연작으로 만들어 가기로 작정한 것이다. 〈I used to be a filmmaker〉를 만든 다음 해에는 한 살 더 성장한 딸이 등장하는 〈I like it a lot〉을, 그 다음 해에는 조금 더 무럭 자란 딸이 등장하는 〈I am charlie chaplin〉을 연출한다. 이처럼 '나'는 점점 자라가는 딸에 대한 육아 비디오를 매년 다른 이야기로 연출해 나가며 자신의 욕망을 계속해서 증명하고 있는 중이다.

영화감독으로서의 '나'를 드러내며 자신의 이야기를 하는 작품으로 스타일적으로 가장 극단적인 작품으로는 데릭 저먼 감독의 유작인 〈블루〉를 꼽을 수 있을 것이다. 여기서 '나'의 이야기는 80여분 내내 오직 '블루 스크린'으로 가득한 푸른 이미지 위에서만 존재한다. '나'에 대한 기억과 흔적으로 가득한 시와 일기 나레이션을 여럿 친구들이 읊는 것을 듣는 것과 더불어 우리는 오로지 블루 스크린밖에 볼 수 없다. 여기서 '나'는 에이즈에 걸려서 시력을 상실하는 와중에 이 영화를 만들게 되는데, '나'에게 세상은 마치 블루 스크린처럼 막막한 세계의 이미지에 가까운 세상이지 않았을까. 그러므로 〈블루〉의 '블루 스크린'은 '나'의 시력이 상실되어 가는 과정과 더불어 죽어가는 나를 재현하는 이미지가 된다. 그런 의미에서 〈블루〉는 '영화 감독인 나'를 드러내는 것을 넘어서 '영화 그 자체가 된 나'를 보여주는 작품이 된다.

하지만 이렇게 자신의 정체성과 욕망을 드러내고 성찰하는 자전적 다큐멘터리로서 내가 가장 좋아하는 작품은 정중식의 〈나는 중식이다〉다. 그는 최근에 막을 내린 〈슈퍼스타 K〉에서 화제의 중심이 되었던 중식이 밴드의 리더인데, 이 작품은 그가 이렇게 '뜨기' 전에 만들었던 작품이다. 여기서 정중식은 '소니 액션캠'으로 '나'를 찍어 나간다. 그가 소니 액션캠을 산 이유는 소박하다. 무엇보다 자신이 자전거를 타고 다니는 장면을 찍기 위해서다. 소니 액션캠 앞에서, 자전거 위에서 '나'는 이렇게 나 자신을 돌아본다. 20대는 비판만을 일삼던 'SNS 소크라테스' 같은 삶이었지만, 30대가 된 지금은 쌓아뒀던 말들의 책임감을 느끼는 중이며, 그래서 그런지 (영화 속에서) 올해 31살이 된 '나'는 생각이 많아지고 왠지 불안하다. 돈, 직업, 예술, 연애, 결혼, (아이도 없지만) 육아 등등등으로 인한 불안불안. 그러다 길가다 흘러나오는 노래, 어릴 적에 무척이나 좋아했던 크라잉 넛의 '5분 세탁'을 듣다가 괜히 눈물이 나기 시작한다. 허나, 돈도 없고, 무명의 '나'가 지금 당장 할 수 있는 것이란 세탁기에 소니 액션캠을 넣고 돌리는 것뿐이다. 세탁기 안에서 무지막지하게 돌아가는 어지러운 영상 위로 '내'가 할 수 있는 것이란 '할 수 있는 한, 할 수 있는 것 안에서 해결하는 것'이라는 것을 배우고 있다고 나지막하게 중얼거리는 '나'. 이렇듯 〈나는 중식이다〉의 '나'는 영화감독이 되고 싶었지만 아무도 자신을 찍어주지 않아 이걸 찍고 있노라고 당당하게 자신이 작가로서의 욕망을 이야기하는 중이다. 그렇게 해서 만들어진 작품이 바로 〈나는 중식이다〉다. 이는 지금 '내'가 만들 수 있는 최대 퀄리티의 영상이라며 발랄하게 중얼대는 이 작품은 지금도 유튜브에서 언제든지 감상할 수 있다. 이제는 '살짝 스타'가 된 그의 여러 방송 영상과 함께 말이다.

　다시 〈소꿉놀이〉의 '나'로 돌아가 보자. 막연히 '소꿉놀이' 같은 게 아닐까하며 시작한 '어린 나'의 결혼과 육아는 서서히 시간이 지나고 딸이 커나가면서 '놀이'를 너머 '삶'이 되어가고 있는 중이다. 동시에 '카메라' 앞에 서서 '이 영화'를 만들고 있는 '나'의 욕망, 혹은 꿈에 대한 자각도 좀더 또렷해지는 중이다. '나'의 마지막 나레이션. "오늘도 카메라는 돌아가고 나는 웃고 떠든다. 분명 내 인생의 주인공은 내가 맞는데, 사실 감독이 누군지는 도무지 모르겠다. 다음 씬을 예측할 수 없고, 멈출 수도 없다. 이것은 한 개의 샷, 한 테이크로 죽을 때까지 찍는 그런 영화이기 때문이다. 카메라야 너는 돌아라. 나는 뛸 테니까. 나는 매순간 다양한 역할로 살아갈 것이다. 하지만 언젠가 영화가 끝나고 극장불이 켜질 때 나 김수빈은 김수빈으로 남을 것이다. 반드시." 하긴, 〈소꿉놀이〉 속 '나'의 이러한 다짐은 한 치 앞도 내다볼 수 없는 삶을 불안하게 살아가는 그녀를 비롯한 우리 모두의 바램이 아닐까 싶다. 부디 김수빈이, 이은아가, 정중식이, 로젠블랏이, 이글을 쓰고 있는 내가, 무엇보다 이 글을 읽고 있는 당신이 '예측할 수 없고, 멈출 수도 없'는 놀이 같은 삶, 삶 같은 놀이 속에서 자신의 욕망과 꿈을 지켜나가며 천천히 같이 살아남을 수 있길 바란다. 이것은 한 개의 샷, 한 테이크로 죽을 때까지 찍는 그런 영화이기 때문이니까. 부디 너무 조급해 하지 말고. 반드시.

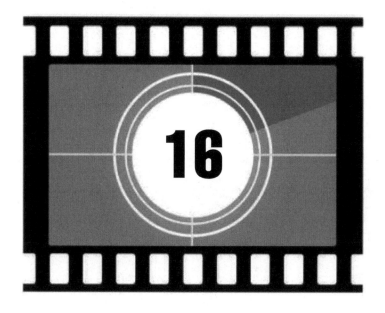

악사들

| 김지곤 감독, 2014년 |

지난 2015년 12월 14일, 아주 흥미로운 이종격투기 경기가 펼쳐졌었다. 그날 사람들의 이목은 '미녀 파이터' 송가연의 경기에 집중됐지만, 내가 가장 주목했던 경기는 첫 번째 매치였던 김대환과 브라질의 더글라스 고바야시의 승부. 격투기 팬들이라면 잘 알겠지만 김대환은 이종격투기 전문해설가이다. UFC나 로드FC 중계를 보다 보면 그의 친절한 해설을 곧잘 듣곤 하는데 그가 이번엔 선수로서 등장한 것이다. 물론 김대환이 선수로도 아주 가끔씩 활동하긴 했었지만, 대중들에게 김대환은 선수가 아닌 '해설자 김대환'인 게 사실이었다. 그러던 그가 마이크 대신 글러브를 손에 끼고 케이지 위에 올라섰다. 나는 그 경기를 보는 내내 이런 질문이 들었다. 그는 왜, 마이크를 놓고 글러브를 끼려 하는 걸까. 그는 왜, 안전한 중계 테이블을 넘어서 살벌한 케이지 안으로 스스로 들어가려 하는 걸까.

다큐멘터리 〈악사들〉은 부산을 중심으로 7080 음악을 노래하는 밴드 '우담바라'에 대한 이야기다. '우담바라'라니. 아니나 다를까 우담바라의 리더는 색소포니스트 혜광 스님이다. 혜광이라는 이름을 얻기 전 최현일은 7-80년대 부산의 나이트클럽을 중심으로 밴드를 했었다. 우담바라 멤버들의 말을 빌자면 당시 그들은 부산에서 꽤 잘 나가는 밴드였다. 그러다 다들 뿔뿔이 흩어진 상태에서 2011년, 혜광은 옛날의 친구들에게 전화를 건다. 다시 밴드를 하자며. 허나 그는 여전히 오늘도 절에서 불공을 드린다. 그러다가 한 달에 몇 번씩 날을 잡아 멤버들을 모아 여기저기서 연주를 한다. 영도다리 위에서, 부산호텔 앞에서, 중앙동 40계단 앞에서, 라이브 까페 블랙 로즈에서. 영화를 보며 마찬가지로 이런 질문이 들었다. 그는 절에서 목탁을 드는 대신에 왜, 거리에서, 술집에서, 색소폰을 불고 있는 걸까. 도대체 왜.

그렇게 〈악사들〉의 혜광 스님을 보다가 엉뚱하게도 김대환이 떠올랐다. 이들은 왜 경계를 넘어서는 삶을 꿈꾸는 걸까. 목탁과 색소폰 사이에서, 마이크와 글러브 사이에서, 혹은 탈속과 속의 경계에서, 중계 테이블과 육각의 케이지 경계에서 서성이는 그들. 이들은 아마도 그 경계위에서 '나는 누구인가'라는 질문을 던지지 않았을까. 격투기 해설자와 선수 사이에서, 스님 혜광과 색소포니스트 최현일 사이에서 서성이며 말이다. 무라카미 하루키의 〈여자 없는 남자들〉에는 사랑으로 고통을 겪는 남자 이야기를 다룬 '독립 기관'이라는 단편이 실려 있다. 도쿄에서 성형외과 의사이자 독신으로 살아가는 52세의 도카이는 소위 '쿨한' 남자다. 경제적으로 부족함이 없고, 결혼을 할 생각도 없으며, 언제나 여러 명의 애인들이 있다. 그는 여자들과 깊은 감정을 나눌 생각이 없기에 여자 문제로 심각한 트러블을 겪어 본적이 없다. 그러던 그의 삶이 흔들리기 시작한다. 사랑에 빠진 것이다.

"그녀와의 앞일이 불투명한 것도 있어서 한동안 가벼운 중년우울증 같은 상태에 빠졌어요. 나는 대체 무엇인가, 내내 그 생각만 했습니다. 하지만 아무리 생각해도 출구가 찾아지질 않아요. 같은 자리를 빙빙 맴돌 뿐이죠." 이렇듯 '나는 누구인가'라는 질문은 사랑에 빠진 자가 던지는 질문인 것이다. 그것도 지독한 사랑에 빠진 자가 던지는 질문, '나는 대체 무엇인가.' 도카이가 사랑에 빠지게 된 대상은 유부녀다. 그러니까 일종의 경계 밖의 사랑. 과연 그는 그 경계를 넘어설 수 있을 것인가. 도카이는 사랑의 열병으로 앓기 시작한다. 최현일도 혜광이 된 이후에 밤마다 앓아왔다. 아니, 지금도 앓는 중이다. "챙피한 이야긴데, 한동안 밤에, 개처럼 베개에 대고 킁킁댑니다, 지금도. 힘드니까. 문 닫아놓고 킁킁대요. 그래서 아픔이 많지요. 괴로워요. 질곡이라 질곡. 질곡의 뜻이 뭔가 하면, '어쩔 수 없어.' 몸부림 쳐봐도 개는 개잖아요. 개가 괴로워한다고 해서 사람이 안 되거든… 그래서 외롭지예." 뮤지션을 꿈꾸던 최현일은 탈속을 해서 혜광이 되었지만, 여전히 음악에 대한 그리움 때문에 밤마다 베개에 대고 킁킁대며 앓는다. 마치 사람이 되지 못하는 개처럼. 속세 안 음악과의 지독한 사랑. 그렇게 킁킁 앓으며 밤마다 던졌을 질문. '나는 누구인가', '나는 대체 무엇인가.'

도카이는 결국 사랑의 경계를 넘어서지 못하고 시름시름 앓다가 죽고 만다. 그러나 혜광 스님은 절을 잠시 빠져나와 거리에서 색소폰을 분다. 그렇게 음악에 대한 사랑을 이루기 위해 속과 탈속의 경계를 넘어선다. 다시 경기가 있었던 12월 14일로 돌아가 보자. 케이지의 경계를 넘어선 김대환은 어떻게 되었을까. 조금 판타지 같은 이야기지만 1라운드 1분 58초 만에 오른손 훅으로 고바야시의 얼굴을 강타해 KO로 승리한다. 허나 더 놀라운 것은 그 이후다. 경기 직후 그는 글러브를 벗고 케이지에서 내려와 마이크를 잡고 다시 해설자로 돌아간다. 마치 트랜스포머처럼. 그리고 그날의 나머지 경기들을 '여느 때처럼' 해설하기 시작한다. 이날 나는 김대환이 케이지 안팎을 넘나드는 걸 보며 무엇이 그를 미친듯이 움직이게 하는 걸까, 하는 생각이 들었다. 격투기에 대한 사랑. 그것 말고는 달리 설명할 길이 없어 보였다.

도카이는 사랑의 경계를 넘지 못해 죽어갔지만, 혜광 스님과 김대환은 절과 케이지의 경계를 넘어서며 음악과 격투기에 대한 사랑을 (성공과 승부와는 상관없이) 온몸으로 실천하며 '살아가고' 있는 중이다. 그렇기에 드는 몇 가지 바램들. 어느 날, 부산의 거리를 걷다가 우연히 우담바라의 '부산 갈매기'를 '여전히' 들을 수 있길. 그리고 또 다른 어느 날, 다시 김대환이 케이지 안에서 글러브를 낀 모습을 볼 수 있길. 그렇게 사랑하며 살려고 지독히 애썼던 올해도, 이젠 안녕이다. 굿바이.

소와 함께 여행하는 법

| 임순례 감독, 2010년 |

●

어떤 여행의 기록

| 조범구 감독, 2000년 |

●

007 스카이폴

| 샘 멘데스 감독, 2012년 |

캄보디아 시엠립으로 짧은 여행을 다녀온 직후였다. 가슴 속엔 아직 깜 퐁 플럭의 맹그로브 숲과 따 프롬의 고목과 사원의 기묘한 공존이 머물 고 있는데, "이번 주 원고 마감입니다. 내일까지 원고 부탁드릴게요." 이 글을 연재 중인 잡지사 편집기자의 문자다. "헉... 담주 수욜까지 아닌가 요?" 약속 강박이 있는 나로서는 여간해야 날짜를 잊지 않는 편인데, 이 번에 제대로 잊고 있었다. 왜 그랬을까. 도대체 왜. 이게 다 여행 탓이다. 다들 비슷하리라 생각되지만 짧던 길던 여행을 다녀오면 기존의 시공간 과는 사뭇 다른 시공간과 마주하게 된다. 여행이라는 '스페이스 리프'를 경험하고 돌아오면 졸지에 '타임 리프'까지 겪게 되는 것. 여행을 하고 돌 아온 나는 아마도 이전의 나와 살짝 달라져 있기 때문이리라. 시간은 꼬 여버렸고, 마감은 일주일이나 빨리 타임 리프 되어버렸다. 그리고 나는 지금 이글을 쓰고 있다. 그러니까 여행과 영화에 대한 글.

임순례 감독의 〈소와 함께 여행하는 법〉(2010)의 선호는 변변찮은 시 인이고, 강원도 시골에서 부모님과 함께 소를 치며 살아간다. 트랙터로 해도 될 일을 소 때문에 어렵게 한다는 생각에 부모님 몰래 소를 팔기로 결심한다. 자신의 인생이 꼬이는 것에 대한 화풀이를 괜히 소한테 하는 것이다. 그렇게 선호는 소와 함께 여행을 떠나게 되고 길 위에서 사람들을 만나게 된다. 소를 대신 팔아주겠다는 중개인, 술을 무척이나 좋아하는 스님, 아들을 소에 태워달라는 남자, 오래 전 자신을 떠난 여자 친구 등. 선호는 여행을 통해서 조금씩 변해간다. 결국 소는 팔지 않게 되고, 옛 연인과는 화해를 하며, 다시 집에 돌아와서는 소를 친다. 또한 나처럼 선호도 타임 리프를 겪는다. 자신은 여행을 시작한지 2–3일밖에 안된 것 같다고 생각하지만, 타인들은 훨씬 오랜 시간이 지났다고 말한다. 여행을 통과한 후 살아가는 시공간은 더 이상 전과 같을 수 없기 때문이다. 이 영화는 삶에 대한 우화이면서, 동시에 여행에 대한 우화다. 속세의 번뇌와 시간들이 삶이라는 여행을 통해 '리프'하며 화해할 수 있음을 보여주는. 그렇게 여행을 통과하며 전과는 조금 달라진(혹은 나아진) '나'로 살아갈 수 있으리라는 것을 기대하게 하는 영화다.

모든 여행의 기록이 행복한 것만은 아니다. 최근 〈신의 한수〉를 연출한 조범구 감독의 단편 영화 〈어떤 여행의 기록〉(2000)은 과거의 여행을 추억하고는 있지만, 오늘의 여행에는 실패하는 자의 기록이다. 늦은 밤, 신춘문예에 낙방하기 일쑤인 시인 우혁의 자취방에 그녀가 찾아온다. 그녀는 현재의 애인과 이별을 예감하고 한때 친했던 우혁을 방문한다. 우혁은 언젠가 그녀와 (제부도로 잘못 기억하는) 대부도에 여행을 간 적이 있다. 과거 속 대부도의 두 사람은 연인처럼 다정해 보이지만, 이후 그녀는 다른 남자와 사랑에 빠졌다. 그리고 지금 우혁에게 찾아와 여행을 가자고 제안한다. 우혁은 이번 여행을 계기로 그녀와 사랑을 할 수 있을 지도 모른다는 희망을 갖고 지하철역에서 그녀를 기다린다. 그러나 그녀는 오지 않는다. 결국 과거에 대한 기억에 머무른 채, 다시 출발조차 하지 못하는 어떤 여행의 기록.

그러나 지나간 여행에 머물지 않고 기필코 다시 떠나고 마는 여행자가 있다. 그는 바로 호메로스의 〈오딧세이아〉의 주인공 오딧세우스이다. 샘 멘데스의 〈007 스카이 폴〉(2012)에서 영국 비밀정보부 M16의 수장인 M은 청문회에서 문책을 당하는데, 그녀가 변론 중에 읊는 시가 바로 오딧세우스의 다시 출발하는 여행에 대한 이야기다. 이 시는 알프레드 테니슨의 시 〈율리시스('오딧세우스'의 로마식 표기)〉의 일부인데, 지금 인용하는 구절은 영화에는 나오지 않는 앞부분이다. "나는 죽어도 모험을 그만둘 수는 없다 /.../ 때로는 나를 따르는 부하들과 함께, / 때로는 혼자서 /......./ 자, 동지들이여! 떠나자 / 더 늦기 전에 새로운 세계를 찾으러 배를 밀어내어라" 이 시에서 오딧세우스는 새로운 여행과 모험에 대한 강력한 의지를 피력하고 있는데, M은 이를 빌어서 M16의 현재와 미래에 대해 이야기 하고 싶었나 보다. 그러나 오딧세우스의 비유가 이 영화에 더욱 그럴싸하게 어울리는 것은 무엇보다 제임스 본드가 세계를 떠돌아다니며 모험을 겪는 오딧세우스와 같은 여행자이기 때문일 것이다. 본드가 50년 간 23번째 떠남과 귀환을 반복했듯이, 트로이 전쟁 이후 고향 이타카로 돌아가기 위해 10년을 방랑했던 오딧세우스는, 테니슨의 상상력을 통해 다시 새로운 여행을 떠나려고 한다.

여행에 혹시 '끝'이란 수사를 붙일 수 있다면 이는 역설적이지만 출발점으로 다시 돌아오는 여정일 것이다. 샘 멘데스가 〈스카이 폴〉 직전에 연출한 〈어웨이 위 고〉(2009)의 연인은 곧 태어날 아기와 함께 살아갈 완벽한 장소를 찾기 위한 여행을 떠난다. 온갖 곳을 거친 그들이 마지막에 도달한 곳은 여인이 어린 시절을 보낸 고향 '집'이다. 새로운 장소를 찾기 위해 떠난 여행의 끝이 가장 익숙한 집으로의 귀환이라는 여행의 역설. 결국 우리가 찾아 떠난 '세계의 끝'이란 어쩌면 내가 사는 '집'이 아닐까. "나는 죽어도 모험을 그만둘 수는 없다"고 외치며 다시 여행을 떠난 오딧세우스도 10년 후 쯤엔 아마도 집으로 돌아왔을 것이다. 물론 여행에서 다시 돌아온 그는 '살짝 달라진 그'가 되어 있을 것이다. 그리고 언젠가 다시 떠날 여행을 슬슬 준비하지 않았을까. 캄보디아에서 갓 돌아온 나 역시나 이미, 벌써, 언제 떠날지 모를 다음 여행지를 구글맵을 펼친 채 준비하고 있다. 세상의 끝인 나의 집에서.

오직 사랑하는 이들만이 살아남는다

| 짐 자무시 감독, 2013년 |

—

제목을 듣자마자 롤랑 바르트가 떠올랐다. '사랑'만이 우리 삶의 구원이 될 수 있다고 믿었던 바르트의 〈사랑의 단상〉의 한 챕터로 어울릴 법한 제목이었기 때문이다. '오직 사랑하는 이들만이 살아남는다'. 물론 바르트가 말한 '사랑'은 흔히들 내뱉곤 하는 사랑하고는 류가 다른 사랑이다. 그가 말한 '사랑'이란 유일무이한 것이다. 세상에 널린 상투적인 사랑이 아니라 위반의 힘이 가득한 유일한 사랑. 그런 의미에서 원제의 'lovers'를 수식하는 'only'라는 형용사는 꽤 바르트적이다. 아담과 이브가 구원 받기 위해서는 그저 '사랑하는 이들lovers'인 걸로는 부족하다. 아니 상투적이다. 반드시 '유일하게 사랑하는 자들only lovers'이어야만 한다. 세상의 힘을 거스를 만큼 '오직' 사랑하는. 〈오직 사랑하는 이들만이 살아남는다〉는 이렇게 유일무이하게 사랑하는 자들의 이야기며, 그들의 구원에 대한 이야기다. 그리고 그들은 뱀파이어다.

영화를 이야기하기 전에 먼저 내가 기억하는 자무시를 이야기해 볼까 한다. 90년대 자무시를 좋아했던 사람들이 흔히 그렇듯이 영화를 보기 이전에 〈천국보다 낯선〉의 포스터와의 만남이 먼저였다. 이렇게 '쿨한' 혹백 포스터라니. 감독의 이름 또한 호기심에 한몫 했다. '짐'이라는 세상에서 가장 흔한 미국식 이름과 '자무시'라는 듣도 보도 못한 이국적 성의 결합이라. 짐 다음엔 스미스 정도가 있어야할 것 같은데 말이다. 이후 극장과 시네마떼끄, DVD를 통해서 만난 그의 영화들은 뭐랄까... 마치 그의 이름처럼 익숙한 '짐'과 낯선 '자무시'가 만난 것 같은 영화들이었다고나 할까. 그러니까 웨스턴의 외피를 두르고 있으나 웨스턴과 전혀 닮지 않았던 〈데드맨〉, 킬러 영화의 외피를 두르고 있으나 전혀 킬러 영화 같지 않았던 〈고스트 독〉과 〈리미츠 오브 컨트롤〉, 미스터리의 외피를 두르고 있으나 미스터리를 해결해 주지 않던 〈브로큰 플라워〉, 로드무비라곤 하지만 여행자들의 목적지나 목적 보다는 그저 만나고 헤어지고, 옮겨 다니는 게 전부인 것 같았던 자무시의 거의 모든 영화들. 익숙한 '짐'과 같은 장르적 외피를 입고 친절하게 다가와서 '자무시'라는 낯선 세계로 우리를 데리고 가고야 말았던, 하나같이 '짐+자무시' 같은 기이한 영화들이었다. 그리고 이제 우리 곁에 도착한 〈오직 사랑하는 이들만이 살아남는다〉는 역시나 뱀파이어 영화지만 호러와는 참 무관한 낯선 세계로 우리를 인도한다. 역시나 '짐+자무시'답다. 웰컴 투 더 자무시 월드.

〈오직 사랑하는 이들만이 살아남는다〉는 그의 전작 〈리미츠 오브 컨트롤〉과 같이 보면 더욱 그럴싸하게 다가온다. 〈리미츠 오브 컨트롤〉이 '컨트롤'을 지배하는 자를 제거하기 위한 고독한 자의 '상상력'에 대한 영화였다면, 〈오직 사랑하는 이들만이 살아남는다〉는 '컨트롤'에 지배받지 않으려는 아담(톰 히들스턴)과 그를 사랑으로 이끄는 이브(틸다 윈스턴)의 '상상력'에 대한 영화이다. 물론 〈오직 사랑하는 이들만이 살아남는다〉는 '컨트롤'이란 말을 쓰고 있지는 않지만 아담의 행동과 말을 보면 그가 거부하는 것이 무엇인지 알 수 있다. 아담이 18세기 영국의 낭만파 시인 바이런에 대해 '잘난 척 대마왕'이라고 말하고, 최초의 페미니스트인 메리 울스턴크래프트와 절친이었다고 하는 걸 보면 꽤 오랜 기간 동안 역사 속을 살아온 것은 확실하다. 그가 오랜 시간을 살아오면서 경험한 인간들의 역사란 바로 '지배와 통제(컨트롤)'의 역사다. 아담과 이브는 인간들의 역사에 대해 이렇게 말한다. "인간 좀비들이 이 세상을 망치는 게 싫어." "중세시대, 징기스칸, 종교재판, 대홍수, 흑사병 때도 마찬가지였잖아." 역사를 살아온 아담과 이브가 보기에 신, 전쟁영웅, 마녀사냥, 환경의 변이와 질병 등 세상을 망쳐놓은 모든 것들은 결국 인간이 만든 것이었고, 그들은 스스로 만든 것들에 의해 '컨트롤' 당하며 살아가고 있는 중이다. 아담은 인간을 '좀비'라고 부른다. 물론 이는 자무시 스타일의 농담이다. 뱀파이어가 인간을 좀비라고 부르다니. 그러나 아담의 농담에는 뼈가 있다. 아담이 보기에 인간은 자신들이 스스로 만든, 그리고 (비)자발적으로 동의한 '컨트롤'에 의해 좀비처럼 지배당하고 있는 자들이기 때문이다. 이런 맥락에서 〈오직 사랑하는 이들만이 살아남는다〉는 뱀파이어 러브 스토리의 외피 속에서 역사와 문화와 폭력과 자본(의 컨트롤)에 대해 슬그머니 이야기하는 영화이기도 하다. 이는 〈데드맨〉이 서부 영화의 외피 속에서 이런 것들에 대해 이야기했던 것과 비슷하다.

아담은 디트로이트에 살고 있는 언더그라운드 뮤지션이다. 그는 '컨트롤'에 휘둘리는 좀비가 되지 않기 위해 자신만의 라이프 스타일을 구축한다. 그는 누군가(혹은 무엇)에게 통제 받지 않기 위해, 즉 자유롭기 위해 자신만의 음악을 만들고, 이를 익명으로 언더그라운드 채널을 통해 공개한다. 그는 비즈니스 시스템에 속하고 싶지 않다. 또한 아담은 인간들이 만든 기계 장치들을 사용하지 않고 손수 만든 장치들을 이용해 살아간다. 이를테면 모로코 탕헤르의 이브와 영상통화를 할 때도 이브는 아이폰의 페이스타임을 이용하지만, 아담은 구닥다리 유선폰과 TV 모니터를 연결해서 직접 만든 발명품으로 영상통화를 한다. 그리고 아담은 온 지구를 엉망진창 뒤덮고 있는 전기 케이블이 세상을 망친다고 생각하고, 테슬라 코일을 응용해 직접 만든 '무선' 전력 장치로 전기를 만들어 사용한다. 아담이 생각하기에 인간이 만든 도구들인 아이폰, 유투브, 인터넷, 전기 전선, 그리고 비즈니스 등은 일종의 '컨트롤'의 장치들인 것이다. 이들은 인간들을 좀비로 만드는, 그리고 세상을 망치는 것들이다.

아담을 보니 이전의 자무시 영화의 주인공들하고는 다른 구석이 느껴진다. 거칠게 분류하자면 이전의 자무시 영화의 주인공들이 앞뒤 가리지 않고 앞으로 느릿느릿 나아가는 '엉뚱한 돈키호테'에 가까웠다면, '컨트롤'의 지배를 받지 않기 위해 홀로 강박적으로 구석에 처박혀 사색하는 아담은 '뒤틀린 햄릿'에 가까워 보인다. 아담과 이브의 뱀파이어 친구로 등장하는 작가 크리스토퍼 말로(셰익스피어와 동일인물로 등장한다)

는 이브에게 이렇게 말한다. "〈햄릿〉을 쓰기 전에 아담을 만났으면 좋았을걸. 아담이 주인공이었으면 더 재밌었을 텐데." 인간 좀비들이 망쳐 놓은 이 세상이 너무나 싫은 아담은 불멸의 뱀파이어임에도 불구하고 죽음을 고뇌한다. "죽느냐 사느냐, 이것이 문제로다." 그는 신곡으로 레퀴엠을 만들고 있고, 나무 총알을 구해 자살을 준비한다. 연인 이브는 모로코 탕헤르에 살고 있다. 그녀는 그와 멀리 떨어져 있지만 오늘따라 아담이 더 걱정된다. 이브는 아담을 위해 디트로이트로 날아가기로 맘먹는다.

아담과 이브는 디트로이트와 탕헤르라는 다른 공간을 살아간다. 자무시는 아담과 이브의 관계와 사랑을 음악(의 변주)로 표현하고 있다. 영화에는 턴테이블이 3번 등장하는데, 각각의 노래의 흐름이 절묘하게 다르다. 우선 첫 장면. 완다 잭슨이 1961년에 부른 'funnel of love'의 도넛츠판이 돌기 시작하면 디트로이트의 아담과 탕헤르의 이브가 비슷한 포즈로 자고 있는 모습이 교차편집 된다. 여기서 흥미로운 것은 'funnel of love'가 원곡과는 다르게 들린다는 사실이다. 잭슨이 엉덩이를 실룩거리며 경쾌하게 부르던 '로커빌리'풍의 원곡과 달리 살짝 나사가 풀린 듯 느리게 흘러나오는 목소리는 분명 잭슨의 목소리이긴 하지만 뭔가 이상하다. 이는 45rpm 회전 속도의 도넛츠판이 33 1/3rpm의 속도로 맞춰진 턴테이블 위에서 잘못 돌아가면서 노래가 느려진 변칙적인 재생으로 들린다. 자무시는 아담과 이브가 공간적으로 분리되어 있지만 영혼은 연결된 기이한 상태를 이렇게 음악의 기이한 변주를 통해서 들려준다. 이후 이브는 아담의 상태가 안 좋은 것을 파악하고 디트로이트로 날아간다. 둘은 오랜만에 재회한다. 아담은 이브를 위해 턴테이블을 돌린다. 찰리 페더스가

1956년에 부른 'can't hardly stand it'이 경쾌하게 흘러나오다가 갑자기 전기가 나가며 음악이 멈춘다. 그 허망함과 단절감이란. 이는 아담과 이브가 간만에 재회했지만 아직 서로의 상태에 대해 잘 알지 못함을 음악의 단절을 통해 드러낸다. 이브는 그가 자살을 생각하고 있다는 것을 아직 눈치 채지 못한 상태다. 마지막으로 등장하는 턴테이블은 이브가 아담의 자살 계획을 알게 된 후, 그의 마음을 돌리고자 하는 간절한 상황에서다. 이때 이브가 트는 노래는 데니스 라잘이 1971년에 부른 알앤비 넘버 'trapped by a thing called love'. 라잘의 그루브한 (물론 정상적인 재생 속도의) 음색에 맞춰 이브는 아담에게 손을 건네고 두 사람은 세상에서 가장 행복한 춤을 추기 시작한다. 오필리어는 햄릿을 구원하지 못했지만 이브는 아담에게 손을 내밀어 그를 구원한다. 아담의 강박과 달리 이브는 유연하고 지혜롭다. 그리고 그녀는 먼저 손을 내밀 줄 아는 자다. 〈오직 사랑하는 이들만이 살아남는다〉는 이렇게 이들의 사랑을 '들려주는' 영화다.

자무시가 이 영화를 '들려주는' 영화로 연출하고 있다는 것은 다른 곳에서도 찾아 볼 수 있다. 자무시는 '류트' 연주자 조제프 반 비셈과 더불어 OST에 직접 참여 하고 있다. 영화 초반 이브의 공간 탕헤르를 배경으로 나오는 음악은 비셈이 고전 악기 류트를 중심으로 연주하는 청아한 음악이고, 아담의 공간인 디트로이트를 배경으로 나오는 음악은 자무시가 직접 일렉트릭 기타에 디스토션을 섞어 연주하는 온갖 노이즈로 가득한 음악이다. 아담과 이브의 분리된 공간에서 두 악기의 연주가 개별적으로 나오다가, 이들이 각자 피를 공수해서 흡입하는 것을 교차해서 보여주는 장면에선 따로 놀던 류트와 일렉트릭 기타의 선율이 그로테스크하게 섞이면서 하나의 음악이 되기 시작한다. 이는 아인슈타인의 '원거리 유령 작용'에 의해 서로가 연결되어 있음을 보여주는 장면인데, 전혀 어울릴 것 같지 않던 두 악기가 하모니를 이루며 다른 공간을 살아가는 아담과 이브를 이어 준다. 이후 이브가 디트로이트로 날아와 아담과 함께 하는 시간에서는 류트와 일렉트릭 기타가 콜라보레이션된 음악이 자연스레 깔리기 시작한다. 자무시는 류트와 일렉트릭 기타의 기묘한 앙상블을 통해서 아담과 이브의 관계를 '들려준다'. 아담과 이브가 디트로이트에서의 '사고'를 수습하고, 탕헤르로 도망치려는 순간 아담은 자신의 기타를 가져가고 싶어 하나 이브는 아담을 말리면서 모로코에서 더 멋진 악기를 선물해 주겠다고 약속한다. 탕헤르에서 이브는 아담에게 악기를 선물한다. 바로 '류트'다. 이제 아담은 기타가 아닌 류트를 연주하기 시작한다. 이브의 사랑의 힘이 그녀를 탕헤르에서 디트로이트로 오게 했고, 다시 은둔형 아담을 탕헤르로 오게 만들었으며, 이제 아담은 이 낯선 악기를 연주하기 시작한다. 그는 이제 죽지 않고 살아갈 수 있을 것이다. 사랑은 이렇게 죽음 속에서조차 새로운 것을 상상할 수 있게 하는 힘을 지니고 있다.

영화는 예술가와 예술에 대한 수많은 레퍼런스를 품고 있다. 크리스토퍼 말로, 에디 코크란, 바이런과 셸리, 체트 앳킨스, 스콧 피츠제럴드, 제임스 조이스, 프란츠 카프카, 로비 뮐러, 버스터 키튼, 사무엘 베케트, 니

콜라스 레이, 마크 트웨인, 쥘 베른 등등. 구석구석에 숨겨진 이들의 흔적을 추적하는 것도 재밌겠지만, 더 의미심장한 것은 이들 예술(가)의 원천이 '상상력'이라는 점일 것이다. 자무시에게 있어 예술가는 아인슈타인이나 테슬라 같은 과학자도 포함된다. 세계 속에서 새로운 것을 꿈꾸게 하는 상상력은 세계를 '컨트롤'하려는 힘의 방향과 정반대로 흐른다. '컨트롤'은 인간을 좀비로 만드는 힘이고, 상상력은 이를 거부하는 '위반의 힘'이다. 자무시가 뱀파이어 러브 스토리를 통해 에둘러서 하고 싶었던 질문이란 이 '컨트롤'의 세계 속에서 상상할 수 있겠는가, 나아가 사랑할 수 있겠는가가 아닐까 싶었다. 세계의 지배와 통속을 벗어날 수 있는 힘이 상상력이라면, 이 상상력 중에서도 가장 강력한 힘은 바로 '사랑의 힘'일 것이다. 바르트가 꿈꿨던 '유일한 사랑' 역시나 세계의 질서에 봉합된 '상투적 사랑' 아닌 세계의 질서를 위협하는 위반의 상상력이지 않았던가. 아담의 상상력은 그를 세계의 통제에서 벗어나게 하고, 이브의 사랑의 힘은 아담을 죽음에서 구원해 낸다. 이렇게 이들의 사랑은 유일해지고, 결국 살아남는다. 전작 〈리미츠 오브 컨트롤〉이 이미지의 상상력에 대해 '보여주는' 영화였다면, 〈오직 사랑하는 이들만이 살아남는다〉는 내게 아담과 이브의 사랑의 힘을 사운드의 상상력으로 '들려주는' 영화로 다가온다. 더불어 '컨트롤'에 지배받지 않기 위해 새로운 것을 강박적으로 만들어내는 아담은 영화를 만드는 자무시처럼 보였고, 그런 고독한 자무시를 사랑으로 구원해 주는 이브는 그의 영화와 음악이 아닐까 싶었다. 이렇게 서로 사랑에 빠진 자무시와 그의 영화는 함께 이 딱딱한 세계로부터 구원 받는 듯하다.

울보 권투부

| 이일하 감독, 2014년 |

—

"론다 로우지 flow / 상대를 반쯤 죽여야 풀리는 직성 / 론다 로우지 flow / 웃는 얼굴 뒤에 직소의 미소"

〈언프리티 랩스타 vol. 2〉에서 키디비가 부른 랩이다. 론다 로우지. 굳이 이종격투기 팬이 아니더라도 한 번쯤 들어봤을 법한 이름. 현재 UFC 여성 밴텀급 챔피언으로 6차 방어에 성공했고, 프로 전적 12전 전승을 기록하고 있는 그야말로 현존하는 최고의 격투가 중 하나다. 쟁쟁한 상대들을 1라운드에 암바로 순식간에 끝내버리곤 하는 로우지의 기술은 언제나 환상적이다. UFC가 여성부 경기를 없애려다가 남자 선수들과 붙어도 지지 않을 것 같은 로우지로 인해 여성부를 남겨뒀다는 소리도 있을 만큼 그녀의 인기와 실력은 최고다. 물론 그녀가 차례대로 링 바닥에 눕혔던 사라 카우프만, 미샤 테이트, 알렉시스 데이비스 같은 패자들은 이름조차 흐릿하다. 키디비는 자신의 '스웨그'를 위해 강함과 승리의 아이콘인 그녀의 이름을 가져와 '론다 로우지 flow'라는 훅을 만들었다. 그녀 또한 이 음악으로 배틀에서 론다 로우지처럼 승리했다. "나를 판단할 만한 지지배는 없어 쉿, 입 닫아 / I'm on another level / 내 멋대로 올린

체급 / 말라빠진 애들 1분도 못 버텨 / 실려 가게 만드는 괴물".

    얼마 전 축구 선수 크리스티아누 호날두에 대한 다큐멘터리가 유니버셜 스튜디오에 의해 만들어졌다. 영화 제목도 심플하다. 〈호날두〉. 그의 이름만으로 모든 게 설명된다는 그 자신감. 그는 우리에게도 친숙한 포르투갈 국가대표의 공격수이며 프리메라리가의 레알 마드리드 소속 수퍼스타다. 그 역시 승리의 아이콘이다. 그는 영화 속에서 다음과 같이 이야기한다. "경기를 잘하든 못하든 그것은 중요하지 않습니다. 가장 중요한 것은 승리하는 것입니다. 20년, 혹은 30년 후에 사람들은 승자만 기억할 것입니다. 기회가 많든 적든 승자만 기억해요." 맞는 말이다. 론다 로우지에게 패한 선수들을 사람들이 기억하지 않는, 어쩌면 기억 못하는 것처럼. 호날두는 영화 속에서 '올해의 축구선수상'인 발롱도르상을 차지하고 싶어 스트레스를 받는다. 라이벌인 FC 바르셀로나의 메시보다 더 잘 하고 싶고, 올해는 그에게 상을 뺏기고 싶지 않다. 영화의 마지막, 결국 호날두는 발롱도르상을 수상하고 전용 비행기 안에서 기뻐한다. 이어서 그를 사랑하는 팬들에게 둘러싸여 서른 번째 생일을 화려하게 보내며 영화는 마친다. 클럽 안에 설치된 스크린에선 그의 지난날의 승리의 기록들이 흐르고 있다. 호날두의, 호날두를 위한, 호날두에 의한 영화. '호날두 flow'.

    The winner takes it all. 아바의 노랫말처럼, '승자가 다 가져가는 거야. 그 승리 옆에서 패자는 그냥 작아지기만 할 뿐이지. 그것이 그녀의 운명'

인 세상이다. 현대 스포츠의 생리란 게 더더욱 승자와 강자만 기억하는 게임이 되어버린 것은 우리가 살고 있는 이 세상이 무한 경쟁 속에서 살아남은 사람만 다 먹는 게임이 되어버렸기 때문일지도 모른다. 근데 어찌된 일인지 여기 일본 도쿄의 한 구석, 재일조선인학교에서 권투를 가르치는 김코치는 '강함'에 대해 전혀 엉뚱한 소릴 한다. "그런데, '강함'이란 것은 끝이 없잖아. '강함'을 선별하는 토너먼트가 있는 것도 아니고. 복싱을 좀 잘한다고 해도 그 보다 잘하는 사람은 반드시 나타나고. 즉 '강함'은 한계가 없는 거잖아. 사람은 그렇게 강하지 않아도 된다고 생각해." 김상수 코치는 권투부 학생들에게 강하지 않아도 된다고 가르친다. 아니 이게 무슨 소리란 말인가. 권투로 일본 전국 제패를 꿈꾼다는 코치가 선수들에게 할 법한 소린가 말이다. 그래서 그런 것인가. 도쿄 조고 학생들은 이겨도 울고, 져도 운다. 경기에 참가하지 못했다고 울고, 이들을 바라보는 선생님도 결국 울음을 터뜨리고 만다. "하지만 비겁한 행동은 좋지 않다고 생각해. 비록 약하더라도 멋있는 남자는 될 수 있어. 선생님은 너희들이 복싱을 통해서 그런 멋있는 남자가 되길 바란다." 김코치는 권투부 학생들에게 복싱으로 '강한 사람'이 되기보다는 '멋진 사람'이 되길 바란다. 비록 이기지 않더라도, 약하더라도, 비겁하지 않다면 멋진 삶을 살 수 있다며. 너무 낭만적인 소리 같기도 하지만, 이를 통해 영화는 도쿄 조선중고급학교 권투부 아이들의 이야기만으로 머무르지 않게 되고, 일본 사회 안에서 자이니치로 살아가는 삶이란 무엇인가에 대한 문제로 나아가게 된다.

처음 〈울보 권투부〉의 시놉시스를 봤을 때 이거 왠지 익숙한 구성인 걸 하는 생각이 든 사람은 나뿐만이 아니었을 것이다. 스포츠로 시작해서 재일조선인의 삶으로 확장되는 이야기라면 지난 해 개봉한 오사카조고 럭비부원들의 이야기였던 〈60만 번의 트라이〉가 그랬고, 올해 개봉한 재일동포 학생야구단에 대한 이야기였던 〈그라운드의 이방인〉도 마찬가지다. 재일조선인의 삶을 다룬 작품들이기에 겹치는 쟁점도 여럿 있다. 〈60만 번의 트라이〉에서 조선학교만 고교무상화를 제외시키는 정책에 항의하는 장면은 〈울보 권투부〉에서도 반복되고, 〈그라운드의 이방인〉의 동포선수들이 느꼈던 이중 차별, 즉 일본에서는 '조센진'이라고 불리고, 고국에 와서는 '반쪽발이'라고 불리던 차별의 기억은 〈울보 권투부〉의 선배 권투선수 문현의 입을 통해 다시 한 번 반복된다.

그런데, 이렇게 영화 속에서 반복되는 이야기들에 슬슬 익숙해질 법도 한데, 여전히 볼 때마다 다시 낯설게 다가오는 것은 왜일까. 〈울보 권투부〉는 그새 무심하게 익숙해져 버린 것들을 낯설게 보여주면서 우리를 스크린 밖 현해탄 너머의 삶으로 다시 한 번 데리고 간다. 도쿄 조고 학생들은 북한에 방문하게 되고 다시 일본으로 돌아온다. (이 장면도 이미 여러 번 보아온 익숙한 장면이다.) 아이들이 카메라를 들고 있는 감독에게 북한에서의 기억들을 재미나게 말하자, 감독은 나도 북한에 가보고 싶지만 (한국인이라) 갈 수가 없다며 아쉬워한다. 그러자 주장인 유삼이는 "통일하면 가지요! 조국 통일 이룩해서 같이 가죠"라고 대뜸 말한다. 난데없는 '조국 통일'이라는 말에 감독은 웃으며 유삼이 말이 허풍인 것 같다며 진심인 거냐고 되묻자, 녀석은 말한다. "정말입니다."

조국 통일? 조국 통일이라고? 이 얼마나 익숙한 단어인가. 아니 이 얼마나 낯선 단어인가. 감독이 조국통일이란 말을 듣고 허풍이냐고 되물었을 때 나 역시나 녀석의 말이 농담인 줄 알고 웃고 있었다. 근데 도쿄 조고 졸업반인 유삼이에겐 그 말이 진심이었던 것이다. 너무나 익숙하고, 너무나 잘 알고 있던 말들이, 단어들이, 풍경들이 더없이 낯설어지는 순간. 나에게 '조국 통일'이란 과거의 말이자, 평생 몇 번 쓸까말까 한 국어사전 속 단어와 같은 것이었지만, 비행기로 두 시간이면 다다를 곳에서, 나와 같은 말을 쓰고 있는 유삼이는 카메라를 향해 "조국 통일 이룩해서 같이 가죠. 정말입니다"라고 말하고 있었다. 아직도, 여전히 그에겐, 그들에겐 조국 통일이 '우리의 소원'이란 말인가. 이런 낯섦과 당혹스러움. 일본 사회 속 재일조선인들에 대한 차별과 삶의 특수성. 알만큼 안다고, 볼만큼 봤다고 생각했지만, 다시 볼 때 마다 쿵, 하고 낯설어지는 풍경들. 그리고 왠지 미안함과 부끄러움들이 교차하게 되는 시간들.

"마음이다. 마음. 마음으로 지지 마라! 의식을 높여라. 좋은가!" 김상수 코치가 경기 때마다 링 위의 선수들에게 하는 말이다. 마음으로 지지 마라. 마음으로, 마음으로 지지 말란 말이지. 우리말이긴 한데, 조국 통일만큼 낯설게 다가오는 이 이상한 말들은 도대체 무슨 뜻이란 말인가, 하며 갸웃거리다가도 영화를 보고 있자면, 코치와 학생들의 얼굴을 보고 있자면, 이게 무슨 말인지 '마음으로' 알게 된다. 마음으로 말이다. 경기에서 이기면 더 좋겠지만, 이기는 것 보다 더 중요한 것은 결코 마음으로 지지 않는 것이다. "얼굴 들어!" 승패를 떠나서 김코치는 링 위의 선수들에게 고개를 들라고 요청한다. 경기에서 졌다고 마음으로 지는 것까지는 아니기에. 김코치가 선수들에게 하는 이 말이 나에겐 일본에서 세대를 이어가며 수십 년의 세월을, 비록 이기지 못할지라도 비겁하지 않게 '자이니치'로 당당하게 살아가고 있는 어떤 삶에 대한 태도로 들렸다. 강하지 않더라도, 멋지게 사는 삶. 로우지와 호날두 같이 매번 승리하는 화려한 삶도 언제나 박수 쳐줄 준비가 되어있지만, 도쿄 조교의 '울보 권투부'처럼 비록 전국대회출전에 실패했을지라도 마음으로 지지 않는, 마음만큼은 지지 않는 삶을 더욱 오래 기억하고 싶어졌다.

(이 글을 쓴 다음 날, 론다 로우지는 홀리 홈에게 충격의 KO패를 당했다. 하루 사이에 그녀는 더 이상 챔피언이 아니게 된 것이다. 전설의 끝. 정말 영원히 강한 것이란, 영원히 지지 않는 것이란 없구나 하는, 만감이 교차하는 게임이었다. 얻어맞아서 불그레한, 스스로에게 화가 난 로우지의 얼굴을 보면서, 그녀도 마음으로, 마음으로 지지 않는 게임을 앞으로 할 수 있기를, 하고 중얼거렸다.)

이것이 우리의 끝이다

| 김경묵 감독, 2013년 |

●

점원들

| 케빈 스미스 감독, 1994년 |

—

'언제든지 들러다오, 편리한 때 / 마음 가는 대로 발길 닿는 대로 / 아무데나 멈추면 돼 / 노동의 검은 기름 찌든 때 깨끗이 샤워하고 / 죽은 듯이 아름답게 진열대 누운 / 저 물건들처럼 24시간 반짝이며 / 기다리고 있을게, 너의 손길을...' 시인 최영미의 '24시간 편의점'의 일부다. 시에서도 말하고 있는 것처럼 편의점은 '24시간' '언제든지' 열려 있는 곳이다. 일종의 삶의 습관처럼 되어버린 편의점이 우리에게 왠지 안심어린 장소가 되는 것은 이런 '언제나'라는 속성 때문은 아닐까. 이를테면 늦은 밤의 캄캄한 귀갓길에 꺼지지 않는 불빛을 내뿜으며 일이백 미터 간격으로 서 있는 그들을 보며 안심하게 되는 것처럼. 또는 낯선 해외 여행길에 24시간 열려 있는 편의점을 만나면 왠지 마음이 놓이는 것처럼 말이다. 그런데 '언제나' 우리를 기다려줄 것만 같았던 편의점의 문이 갑자기 잠겨버린다면?

김경묵의 〈이것이 우리의 끝이다〉(이하 〈끝이다〉)에선 '애경 편의점'이 반복해서 잠긴다. 오전 7시, 잠긴 문 앞에서 전직 알바생들은 밀린 월급을 떼일 것 같다는 생각에 사장을 욕하고 있다. 우리에게 언제나 습관처럼 열려 있던 편의점이 잠기자 왠지 불안해지는 것이다. 김애란의 단편 소설 〈나는 편의점에 간다〉에서 '나'는 편의점에 갈 때마다 '어떤 안심'이 든다고 고백한다. 편의점에서 물건이 아닌 '일상'을 구매하고 있는 것 같다는 생각 때문이다. '비닐봉지를 흔들며 귀가할 때 나는 궁핍한 자취생도, 적적한 독거녀도 무엇도 아닌 평범한 소비자이자 서울시민이 된다. 그곳에서 나는 깨끗한나라 화장지를, 이오요구르트를, 동대문구청에서 발매한 10리터용 쓰레기봉투를, 좋은느낌 생리대를, 도브 비누를 산다.' 그런데, 오후 1시, 다시 애경 편의점의 문이 잠긴다. 택배 배송, 공과금 납부, 점심 때우기 등 일상을 습관처럼 구매하러 온 사람들이 편의점에 들어가지 못하고 한숨을 내쉬며 서성인다. '어떤 안심'을 얻는데 실패했기 때문이다. 〈나는 편의점에 간다〉의 '나'가 말하는 것처럼 '서울 사람들에게 습관이란 구원만큼 중요한 문제'가 되어 버렸다.

케빈 스미스의 〈점원들〉(1994)은 마찬가지로 편의점을 배경으로 하는 영화다. 영화는 뉴저지 구석의 편의점 점원 단테와 비디오 가게 점원 랜달이 애인, 친구, 마약 딜러, 이상한 손님 등과 벌이는 해프닝을 그린다. 랜달은 단테에게 〈스타워즈 에피소드 6—제다이의 귀환〉에 대해 다음과 같이 수다를 떤다. 이전 에피소드에서 제국의 '데쓰 스타(죽음의 별)'은 완공된 상태였다. 거기엔 제국군들만 있었기에 반란군이 데쓰 스타를 파괴한 것은 악을 응징한 것으로 볼 수 있다. 그러나 〈제다이의 귀환〉은 문제가 다르다. 데쓰 스타는 다시 건설 중이고, 이를 위해 제국군은 외부에서 배관공, 알루미늄 업자, 기와쟁이 등을 고용했을 것이다. 그러므로 반란군이 데쓰 스타를 파괴할 때 죽는 것은 제국군만이 아니라 건설을 위해 고용된 자들도 포함된다는 것. 즉 제국군과 반란군의 전쟁에서 이와 무관한 피고용인들까지 죽어나가는 것은 정당하지 않다는 것이다. 이는 시시껄렁한 농담과 욕설로 가득한 영화 속에서 편의점과 비디오가게의 점원으로 일하는 단테와 랜달의 처지를 가리키는 케빈 스미스의 뼈있는 농담이다. 물론 대한민국의 애경 편의점에서 일하는 친구들의 상황도 이와 크게 다르지 않아 보인다.

청춘 시트콤 같던 〈끝이다〉는 후반부에 가면 분위기가 바뀐다. 복면 쓴 강도들이 알바들을 위협하며 물건과 돈을 훔쳐간다. 이후 아수라장이 된 편의점 안에서는 사장이 홀로 남아 바닥에 떨어진 상품들의 바코드에 스캐너를 쓸쓸하게 찍어나간다. 삑삑... 사장은 알바들에게 월급도 제대로 안 주고 (어쩌면 못 주고) 있고, 본사의 경고 전화 한통에 알바를 자르기도 하며, 알바가 까먹는 새우깡 한 봉지에 분노하는 '갑'이었다. 그러나 그도 채권자 은행과 편의점 본사라는 '슈퍼갑'에 종속된 (알바보다 더 피로한) '슈퍼을'이었을 뿐이다. 결국 그는 편의점 창고에서 스스로 목숨을 끊는다. 그의 죽음엔 무심한 채 남겨진 편의점의 재산권을 주장하며 법원과 본사 직원이 경쟁하는 상황은 랜달의 '끔찍한 농담'처럼 제국군과 반란군의 전쟁에서 죽어 나가는 피고용인의 비극적 삶과 닮아 있다. 언제나 일상을 습관처럼 구매할 수 있던 편의점은 털렸고, '슈퍼을' 사장은 자살했으며, 알바들은 일자리를 잃었고, 편의점 문은 다시 잠긴다. 죽은 사장과 일자리를 잃은 알바, 이들 모두 '별들의 전쟁'과는 무관하게 '데쓰 스타'를 위해 일하다가 사라지는 존재들이 된다. 다시 잠긴 애경 편의점 밖에서는 '검은 옷'을 입은 손님들이 담배를 입에 물고 빼곡히 모여 있다. 더 이상 일상을 구매할 수 없게 된 자들이 편의점의 죽음 앞에 상주가 되어 불안하게 서성이는 중이다.

〈끝이다〉는 편의점의 종말로 끝나는 듯 하다가 갑자기 다시 편의점의 일상으로 돌아오며 마무리된다. 애초에 〈점원들〉의 엔딩은 카운터에 있던 단테가 강도에 의해 살해당하는 것이었지만 이 장면은 삭제되고 본편에서는 평범한 일상으로 마무리된다. (삭제된 오리지널 엔딩은 DVD 서플에서 볼 수 있다.) 그렇다면 편의점과 알바와 사장의 '진짜 현실'은 과연 어디쯤에 있는 것일까. 아마도 해피엔딩과 언해피엔딩 사이 어딘가에, 일상과 비극 사이 어딘가에, 본편의 엔딩과 삭제된 엔딩 사이 어딘가에, 어쩌면 반쯤 열린 문과 반쯤 닫힌 문 사이 어딘가에서, 이들의 '진짜 현실'이 서성이고 있지 않을까. 검은 옷을 입고 담배를 입에 문 채로. 더 이상 문이 닫히지 않길 바라며.

족구왕

| 우문기 감독, 2013년 |

•

출중한 여자

| 윤성호, 전효진, 박현진, 백승빈 감독, 2014년 |

•

그 노래를 기억하세요 ?

| 마이클 로사토 베넷 감독, 2014년 |

우문기 감독의 〈족구왕〉은 군에서 갓 제대한 복학생 만섭의 청춘 이야기다. 그는 학교에 복학하자마자 족구장 설립을 위한 서명운동을 시작한다. 비인기(?) 스포츠인 족구를 대하는 주변의 태도는 싸늘하다. 그러나 만섭은 굴하지 않고 캠퍼스 족구 시합에서 사랑과 자존심을 내건 한판 승부를 펼치게 된다. 만섭에게 학과 선배는 정신 차리고 공무원 시험이나 준비하라며 타박하지만 그에겐 족구와 사랑이 먼저다. "너한텐 족구가 뭐냐?"는 질문에 만섭은 "재밌잖아요"라고 용기 있게 답할 줄 아는 청춘의 미덕이 있다. 그러나 실리 보다 이상을 위해 모든 걸 거는 청춘이 언제나 성공하는 것은 아님을 우리는 잘 알고 있다. 만섭은 족구에서는 힘겹게 승리하지만 사랑엔 실패한다. 이렇게 끝나는 영화의 마지막에 흐르는 음악은 페퍼톤스의 〈청춘〉이다. 족구공 하나 달랑 들고 어딘가로 여행을 떠나는 만섭의 얼굴 위로 흐르는 노래는 '그럼에도 불구하고' 만섭의 청춘에 손을 들어준다.

여기 만섭 이상으로 실패의 달인인 청춘이 있다. 윤성호, 박현진, 백승빈, 전효정 감독의 5부작 웹드라마 〈출중한 여자〉의 그녀다. 나름 잘 나가는 잡지 에디터 우희는 한창 썸을 타던 신예 래퍼 JS와 우스꽝스럽게 헤어지고, 자신을 좋아한다고 생각했던 오랜 친구는 방송 도중 다른 여자에게 프로포즈를 한다. 자신만이 유일한 베프라고 생각했던 우정에게 그녀는 그저 여러 베프들 중 하나뿐이었다는 것을 깨닫게 되고, 심지어 전 남자 친구의 여자 친구를 인터뷰하다가 망신을 당한다. 이렇게 엉클어진 삶의 타래를 껴안고 그녀는 달빛 찬란한 강변으로 간다. 떨어진 당을 보충하기 위해 '오해의 산물'인 카스테라를 오물거리며. 이어서 어딘가에서 흘러나오는 노래 '출중한 여자'에 맞춰 그녀는 이내 막춤을 추기 시작한다. 자신이 원하는 걸 하기 위해 앞뒤 가리지 않는 '용기'가 청춘의 덕목이긴 하지만, 그 결과가 마냥 행복할 수만은 없다는 것 또한 삶의 비밀이다. '하면 된다?'. 이건 어른들이 만들어낸 거짓말이다. 그러나 실패한 후에 이렇게 노래로, 음악으로 스스로를 다독이며 다시 어딘가로 떠날 수 있고, 다시 춤출 수 있다는 것. 이것이야 말로 청춘의 진정한 용기가 아닐까.

〈그 노래를 기억하세요?〉는 음악이 용기가 되고 위로가 된다는 걸 더 확연히 보여준다. 올해 EBS 다큐멘터리 페스티벌에서 상영된 마이클 로사토-베넷 감독의 이 영화는 음악을 통해 '잃어버린 시간'을 찾는 사람들의 이야기다. 댄이 요양원의 노인들을 위해 하는 일은 단순하다. 치매로 기억을 잃은 그들의 귀에 헤드폰을 얹고, 아이팟의 버튼을 눌러 음악을 들려주는 것이다. 헨리는 자신의 딸도 못 알아보고 말도 제대로 잇지 못하며 무기력하게 살아간다. 댄은 그에게 다가가 가스펠을 들려준다. 결과는? 그는 고개를 바짝 들고 눈을 동그랗게 뜨며 노래를 따라 부르기 시작한다. 그리고 과거의 기억을 회복하기 시작한다. 자전거를 타고 식료품점에서 일하던 시간이 가장 행복했다고 말하고, 가장 좋아하는 뮤지션인 캡 갤러웨이를 떠올리며 노래를 부른다. 마찬가지로 조울증의 드니스도, 기력을 상실한 존과 넬도 음악을 통해 생기를 찾기 시작한다. 이들에게 음악은 마치 마르셀 (프루스트)의 마들렌처럼 '잃어버린 시간'을 두둥실 떠오르게 하는 단초가 된다. 이렇게 우리들의 살갗 속에는 보이진 않지만 음악이라는 흔적이 기록되어 있나 보다. 비록 우리가 잊고 있을 지라도. 음악은 만섭과 우희 같은 청춘을 격려하기도 하지만, 헨리, 드니스, 존과 같은 어르신들에게 다시 청춘의 시간을 회복하는 계기를 만들어 주기도 한다. 댄이 하듯이 우리도 서로 이렇게 질문하면 된다. "당신은 무슨 노래를 좋아하나요?"

밴드 푸 파이터스의 프론트맨 데이브 그롤은 오늘의 자신이 있게 한 곳을 찾아 시간 여행을 떠난다. 그의 청춘의 에너지가 응집된 곳이자, 아날로그로 음악을 만들던 시절의 성지, 스튜디오 사운드 시티를 향해. 80년 대 말 너바나의 드러머였던 그롤은 친구들과 함께 사운드 시티를 찾아 16일 간 녹음을 한다. 그곳에서 콘솔 '니브 8028'로 녹음한 너바나의 〈네버 마인드〉는 팝음악사의 전설이 된다. 그롤은 사운드 시티의 먼지 풀풀 나는 니브 8028을 사들이고, 그곳에서 녹음을 했던 뮤지션들을 모아 니브 8028로 앨범을 만드는 프로젝트를 진행한다. 디지털 프로툴로 음악을 만드는 시대에 그들은 수십 년을 거슬러 그들의 청춘이 시작된 시간이자, 처음으로 음악을 만들던 시절의 스타일인 아날로그 방식으로 녹음을 시작한다. 이들은 이렇게 자신들의 음악의 기원을 돌아보며 지나버린 청춘의 시간을 현재로 가져온다.

이처럼 나이에 상관없이 우리가 여전히 청춘일 수 있는 것은 어쩌면 음악이 있기 때문일지도 모른다. 음악을 통해 현재를 살고, 과거를 다시 돌이키기도 하며, 격려하고 위로 받고 춤을 추고 노래를 부른다. 그러나 언제나 그렇듯이 삶은 우리가 바라는 대로 진행되지 않는다. 〈사운드 시티〉에서 가장 감동적이었던 순간. 커트 코베인의 자리를 대신한 대선배 폴 매카트니와 너바나의 멤버들이 한데 모여 녹음을 하는 장면이다. 그롤은 뭐가 잘 안 풀리는 지 대선배에게 말한다. "왜 항상 이렇게 쉽지만은 않을까요." 이에 웃으며 답하는 매카트니, "원래 그런 거야." 그렇게 쉽지만은 않은 게 삶의 비밀. 하지만 폴은 웃고, 만섭은 여행을 떠나고, 우희는 춤을 추며, 헨리와 드니스는 노래를 부른다. 그리고 댄이 일러 준 것처럼 우리도 서로 이렇게 질문하면 된다. "당신은 무슨 노래를 좋아하나요?"

파울볼

| 조정래, 김보경 감독, 2014년 |

•

반짝이는 박수소리

| 이길보리 감독, 2014년 |

다큐멘터리의 카메라가 세계에 다가가는 데에는 그들 각자의 거리가 존재한다. 이를 테면, 프레드릭 와이즈먼의 카메라는 대상을 직시하지만 그들과 친밀하게 섞이려고 들지는 않는다. 그저 그 옆에 머물면서 대상을 치밀하게 바라만 본다. 그래서 그런지 와이즈먼의 카메라는 질문하지 않는다. 묻지도 따지지도 않고, 그저 그 자리에서 그들을 성실하게 따라간다. 그러니까 일종의 강박적 거리 유지. 그러면서 카메라에 담긴 세계의 모습을 통해 세계(의 진실)을 이해하려 애쓴다. 와이즈먼이 메사추세츠 정신병원의 수용자들에게 다가갈 때 그랬고, 페네베이커가 밥 딜런에게 다가갈 때도 그랬던 것처럼. 이와는 달리 카메라를 세계 속으로 좀 더 가까이 들이밀고자 한 사람들도 있었다. 이를 테면 장 루쉬의 카메라가 아프리카와 파리에서 그러했던 것처럼. 그들은 카메라가 세계 속으로 좀 더 들어갈 때 세계(의 진실)을 보다 더 이해할 수 있다고 생각했다. 그래서 그들은 카메라를 세계 앞에 세워두고 세계를 향해 보다 적극적으로 말을 건다. 나아가 카메라를 향해 세계가 직접 이야기해 줄 것을 주문한다. 이를 통해 내가 더 세계를 이해할 수 있도록, 세계와의 거리가, 심연이 좁혀질 수 있길 기대하면서.

한 편 카메라의 방향을 180도 뒤집어 카메라를 든 '나' 자신에게 질문하는 다큐멘터리도 생겨났다. 이를 통해 카메라와 세계(나)와의 거리는 한 걸음 더 좁혀진다. 이를 테면, 조나단 카우에트가 자신과 자신의 엄마를 향해 카메라를 든 것처럼, 모건 스펄록이 삼시세끼 맥도날드 햄버거만 먹는 자신을 향해 카메라 든 것처럼 말이다. 이들은 카메라와 나 사이의 친밀한 거리를 통해 내가 살아가는 세계를 보다 더 잘 이해할 수 있다고 생각했다. 물론 이외에도 수많은 다큐멘터리스트들이 세계를 이해하고, 그 안에 속한 나를 이해하기 위해 카메라와 세계와의 거리를 다양한 방식으로 설정해 왔다. 즉, 세계를 보다 더 잘 이해하기 위한 그들 각자 카메라의 거리들을 만들어 가고 있는 것이다.

어찌됐건 다큐멘터리의 카메라는 그들이 다가가고자 하는 세계와의 일정한 거리를 설정하고 그 거리를 통해서 그들을 최대한 이해하려고 애쓰는 예술적 상상력을 구사한다. 최근 한 달 새에 개봉한 세 편의 다큐멘터리를 보며 이들의 카메라가 서로 다른 거리로 세계에 다가가고 있다는 것이 흥미롭게 다가왔다. 우선 〈파울볼〉. 조정래와 김보경의 카메라는 독립구단 고양 원더스 선수들과 김성근 감독을 창단부터 해체에 이르기까지 3년에 걸쳐 기록한다. 이들은 섣불리 선수들과 감독에게 다가가지 않는다. 처음부터 적당한 거리를 유지하며 시작한 카메라는, 이들의 마지막 순간까지 그 거리감을 뛰어넘지 않는다. 딱 한 번 그 거리가 확 좁혀 보이는 순간이 있는데, 원더스 해체 후 김성근 감독과 술자리 인터뷰를 하면서 그의 쓸쓸한 속내를 들여다 볼 때이다. 이를 제외하곤 이들의 카메라는 내내 적당한 거리를 유지하며 이들의 꿈과 땀을 성실하게 기록하는 위치를 점하고 있었다. 〈반짝이는 박수소리〉의 이길보라의 카메라는 '입술대신 손으로 말하는' 부모님과의 거리가 한껏 밀착되어 있다. 딸과 부모라는 특수한 관계라서 벌어지는 자연스런 상황 때문이기도 하겠지만, 이들과 카메라의 친밀한 거리는 영화를 한껏 경쾌하게 만든다. 영화의 후반부, 노래방에서 김수희의 〈애모〉를 부르는 엄마와 그 옆에서 탬버린을 치는 아빠, 그리고 수화로 노래를 부르는 남동생을 한꺼번에 보여주는 장면은 카메라와 이들 사이의 거리가 얼마나 가까운지를 적나라하게 보여주는 장면 중의 하나다. 카메라 앞에서 선 가족의 스스럼없는 거리, 그 경쾌함이란.

〈그라운드의 이방인〉의 김명준의 카메라는 〈파울볼〉과 〈반짝이는 박수소리〉의 카메라가 유지하려 애쓰는 거리의 어느 가운데쯤에 위치한다. 영화가 시작할 때 카메라는 1982년 모국을 방문한 재일동포 고교 야구단 선수들에게 머뭇머뭇 다가가며 어느 정도 긴장감 있는 거리로 시작한다. 하지만 카메라와 그들 사이의 거리는 금새 무너지고 만다. 카메라를 사이에 두고 조심스레 질문을 건네며 다가서던 제작진은 어느덧 선수들과 농담을 하고, 술을 마시고, 같은 팀이 되어 야구를 하며 거리를 좁혀나간다. 이렇듯 〈파울볼〉은 선수들과 감독의 꿈과 땀을 성실하게 지켜보는 카메라의 거리를 유지하고 있고, 〈반짝이는 박수소리〉는 카메라를 든 감독과 부모님 사이의 친밀한 거리를 보여주고 있으며, 〈그라운드의 이방인〉은 카메라와 재일 동포 선수들의 거리가 서서히 좁혀져 가는 과정을 보여준다. 그렇게 그들 각자의 카메라는 서로 다른 자기만의 거리에서 자신이 바라보는 세계를 이해하기 위해 성실하게 돌아가고 있었다.

"사람과 사람 사이에는 서로에 대한 이해를 가로막는 심연이 존재합니다. 그 심연을 뛰어넘지 않고서는 타인의 본심에 가닿을 수가 없어요. 그래서 우리에게는 날개가 필요한 것이죠. 중요한 건 우리가 결코 이 날개를 가질 수 없다는 점입니다." 김연수의 소설 〈파도가 바다의 일이라면〉에 나오는 문장이다. 나는 어쩌면 다큐멘터리의 카메라가 심연으로 가로막힌 당신에게로, 세계에게로 날아가는 '날개'가 될 수도 있지 않을까 하는 생각을 해보기도 한다. 그러니까 인간이 카메라를 발명한 이유가 아무리 해도 가닿을 수 없는 당신에게 다가가고 싶어서가 아닐까 하는 엉뚱한 상상. 그들 각자의 서로 다른 날갯짓으로 만들어내는 '거리들'을 통해 당신에게 그토록 다가가려고 애쓰는, 그런 날개로서의 카메라 말이다.

프랑스 영화 처럼

| 신연식 감독, 2015 |

—

1. 100일

여기 여자와 남자가 있다. 두 사람이 앞으로 계속 만난다면 100일 후에 죽을 거라는 점쟁이의 말. 이 무슨 운명의 장난인가. 미국에서 동거하며 잘 살다가 한국에 들어와 여자의 아빠에게 인사한 후로 티격 대는 두 사람. 그런데 점쟁이로부터 두 사람이 계속 사랑한다면 100일 후에 죽을 거라는 말을 들은 이후로 왠지 이들의 마음이 더욱 소란스러워지기 시작한다. 신연식 감독의 옴니버스 영화 〈프랑스 영화처럼〉의 세 번째 에피소드 '리메이닝 타임'의 남자와 여자는 앞으로 남은 100일을 어떻게 보낼까 고민에 빠진다. 이들의 사랑과는 반대로 100일이 지나야 사랑에 빠질 수 있는 남자와 여자가 있다. 롤랑 바르트의 〈사랑의 단상〉에는 기녀를 사랑한 중국 선비가 등장한다. 기녀는 선비에게 만약 자신의 집 정원 창문 아래에서 100일을 기다려 지새워줄 수 있다면 당신의 사람이 되겠다고 약속한다.

사랑할 시간이 100일밖에 남지 않은 남자와 여자가 있고, 100일을 기다려야 사랑할 수 있는 남자와 여자가 있다. 모두들 간절하긴 매한가지

일 것이다. 이렇게 시간의 한계가 발생하면 그 사랑이 갑작스레 더욱 소중해지는 효용성이 생기기 마련이다. 남아있는 사랑의 시간과 기다리는 사랑의 시간. 100일만 남은 연인과 100일이나 기다려야하는 연인. 이들은 과연 어떻게 이 사랑의 시간을 버텨낼 수 있을까. 과연 이들의 사랑은 버텨질 수 있을까.

2. 3일

두 번째 에피소드 '타임 투 리브' 역시나 남아 있는 사랑의 시간에 대한 이야기다. '리메이닝 타임'의 연인들에게 주어진 시간이 100일이었다면, '타임 투 리브'의 엄마와 딸들에게 주어진 시간은 훨씬 야박하다. 단 3일. 엄마는 흩어져 있던 네 딸들을 불러 모은다. 평소 때 연락도 잘 안하던 엄마와 딸들이 오랜만에 한 자리에 모이자, 엄마는 3일 후에 죽을 거라고 선언한다. 충격을 받은 딸들에게 자신은 이미 말기암이며 회복이 불가능하니 딸들과 마지막 3일을 보내고 가장 행복할 때 죽겠다는 것. 누구에게나 닥칠 '죽음'이라는 시간은 언제나 사랑을 더욱 간절하게 만든다. 우디 앨런의 영화 〈사랑과 죽음〉에서도 그랬고, 프로이드의 정신분석학에서도 그런 것처럼 '죽음'은 '사랑'과 샴쌍동이처럼 같이 붙어 다니며 우리를 곤란하게, 그리고 더욱 간절하게 만든다.

엄마는 남아 있는 시간을 스스로 결정하기로 결심한다. 누구에게나 급작스럽게 닥치는 예측 불가능한 죽음의 시간을 자발적으로 선택하기로 맘먹은 것이다. 그간 소원하게 지내던 딸들도 앞으로 3일뿐이라는, 남아

있는 시간의 구체성으로 인해 엄마에 대한 사랑이 더욱 간절해지기 시작한다.

3. 기다리는 남자

마지막 에피소드 '프랑스 영화처럼'에는 여자의 전화를 기다리는 남자가 등장한다. 새벽 세시에 울리는 전화. 분명 그녀다. 이런 미친 짓을 할 사람은 그녀밖에 없는 것이다. 혜화동에 사는 그녀는 광화문에 사는 그가 보고 싶다며 갑자기 전화를 한다. 하지만 그녀의 전화의 부름에 언제나 달려가는 남자. 여동생은 그와 그녀를 힐난하며 '프랑스 영화처럼' 산다고 비웃고 있는 중이다. 프랑스 영화처럼이라. 남자도 갸웃거리며 중얼거리지만 도대체 프랑스 영화처럼 산다는 것은 무슨 말일까. 이는 분명 감독의 '낚시'이다. 프랑스 영화처럼이라. 따옴표 친 '프랑스 영화'처럼이라. 중얼거리다 낚시에 걸린 나는 당연히 프랑스 영화 몇 편을 떠올리고 있었다. 그 몇 편의 영화 중에서 남자와 여자가 같이 봤다는, 남자 둘에 여자 하나가 나온다는 '프랑스 영화' 한 편을 추스르고 있었다.

트뤼포의 〈쥘 앤 짐〉에는 카트린을 사랑하는 쥘과 짐이 등장한다. 거기서도 혜화동에 사는 여자처럼 카트린은 남자들을 전화로, 편지로 부른다. 그녀가 부르면 언제든지 달려가는 쥘과 짐. 그녀의 사랑이 바닥을 치고 있는 것을 매번 확인하면서도 다시 그녀가 부르면 여지없이 그녀 곁으로 달려가는 남자들. 영화 속 나레이션처럼 이들의 사랑은 징글징글하다. 넌 내게 말했다. 널 사랑해. 난 네게 말했다. 기다려. 난 말하려했다. 날 안아줘. 넌 내게 말했다. 꺼져버려. 그런 반복. 그냥 단순한 반복이 아니라 '사랑의 반복'. 줄과 짐, 그리고 광화문에 사는 남자가 니체의 영원회귀마냥 무한 반복이 가능한 이유는 이들이 모두 '기다리는 사람'이기 때문이다. 괴로워하면서도 기다리는 시간을 기꺼이 감내하는 남자들. 그들은 항상 그녀의 연락을 기다리고, 그녀보다 좀 더 빨리 도착해서 기다리고 싶어한다. 혹시나 조금 늦을까하면 조바심으로 넘쳐난다.

이런 기다리는 사람의 상태를 바르트는 이렇게 묘사한 바 있다. "전화가 또 울린다. 나는 전화가 울릴 때마다, 전화를 거는 사람이 그일 것이라고 생각하면서(그는 내게 전화를 해야 할 의무가 있으므로) 서둘러 전화기를 든다. 조금만 노력을 해도 나는 그 사람의 목소리를 '알아보는' 듯하고, 그래서 대화를 시작하나 이내 나를 정신 착란에서 깨어나게 한 그 훼방꾼에게 화를 내며 전화를 끊는다. 이렇듯 찻집을 들어서는 사람들도 그 윤곽이 조금이라도 비슷하기만 하면, 처음 순간에는 모두 그 사람으로 보인다." 광화문의 그 남자도, 어떤 프랑스 영화 속의 두 남자도, 다들 그렇게 정신 나간 사람처럼 기다린다. 그녀의 전화를. 그녀의 편지를. 그녀의 목소리를. 그녀의 사랑을. 반복해서.

4. 남아 있는 여자

그녀를 갖기 위해 100일을 기다리마 했던 선비는 결국 99일 째 되던 날 밤 자리를 박차고 일어나 그녀의 집 앞을 떠나고 만다. 도대체 왜 그 중국 선비는 약속의 날 하루 전에 떠난 걸까. 100일이 되었을 때 그녀가 자신을 사랑해주지 않을 거라 생각한 걸까. 아니면 이렇게 기다리고 있는 자신의 모습이 바보 같아서였을까. 아니면 사랑에 대한 회의가 들어서였을까. 이 물음에 대한 해석은 각자의 경험치에 근거한 상상에 맡겨두기로 하고, 여기서 다시 궁금해지는 것은 남아있는 기녀에 대한 것이다. 이 이야기의 주인공은 언제나 남자를 기다리라 했던 '여우같은 기녀'가 아니라 그녀를 기다리다 하루 전 자리를 박차고 떠나버린 '기다리던 선비'였다. 그러다 문득, 항상 조연에 머물렀던 홀로 남아 있는 기녀가 궁금해졌다. 선비가 떠나버린 텅 빈 자리를 바라보며 기녀는 무슨 생각이 들었을까.

두 번째 에피소드의 '맥주 파는 아가씨'의 그녀는 맥주집에 결국 혼자 남는다. "제 진심을 알아줬으면 좋겠어요"라며 버스 정류장에서부터 맥주집까지 여자를 쫓아다니던 남자도, "내가 어떤 사람인지도 모르고 피하는 거잖아요"라며 그녀를 향한 구애의 시를 읊어대던 아마추어 시인도, 99일은 고사하고 몇 시간 만에 자리를 떠나버린다. 그리고 맥주집에 홀로 남아 있는 그녀. 그녀는 맨 날 있는 일이라고 쿨하게 말하고 있지만, 기녀를 기다리겠다던 선비보다 더 큰 소리로 진심을 알아달라고 절규하던, 시를 읊어 대던 그들이 떠난 자리에 홀로 앉아 남아있는 자의 시간을 버텨내는 중이다. 기다리다 민망해하며 떠나버린 남자가 더 쓸쓸할까, 아니면 그들이 떠나버린 자리에 혼자 남아있는 여자가 더 쓸쓸할까. 그 쓸쓸함의 무게가 궁금해졌다.

5. 나머지 2840 시간

'리메이닝 타임'의 남자와 여자는 시한부처럼 남아있는 100일이라는 사랑의 시간을 어떻게 보낼까 고민하다가 서로 누군가 보고 싶어진다면 '두 시간'만 만나자고 말한다. 100일을 조금씩 나누어 쓰자는 소리. 그러니까 그들은 서로를 기다리며, 동시에 서로를 향해 남아있기로 한다. 기다리며 동시에 남아있기. 누군가가 일방적으로 기다리는 것도 아니고, 누군가가 떠난 자리에 홀로 남아있는 것도 아닌, 같은 자리에 있을 수는 없지만 함께 기다리면서 동시에 남아있기로 한 것이다. 그렇게 남자와 여자는 자신들에게 남아 있는 100일이라는 시간을 그렇게 지혜로운 방식으로 지속시켜 나간다. "그리고 1년 뒤에 그들은 그곳에서 다시 만나 3일을 같이 보내고 나머지 2840 시간을 어떻게 보낼지 얘기를 나누게 된다." 이렇게 이들의 사랑의 시간은 '함께 기다리는 시간'인 동시에 '함께 남아있는 시간'으로 따스하게 진화해 간다. 그들에겐 사랑할 시간이 단지 97일만 남아있는 것이 아니라, 아직도 2840시간이나 남아있는 것이기에. 마치 프랑스 영화 속의, 혹은 러시안 소설 속의, 어쩌면 이태리 연극 속의 사랑처럼.

마이 스윗 레코드

| 박효진 감독, 2002년 |

●

블루

| 데릭 저먼 감독, 1993년 |

롤랑 바르트의 자전적 텍스트인 〈사랑의 단상〉의 '검은 안경'이라는 장은 이렇게 시작한다.

☐ 감추기 CACHER..

심의적 문형. 사랑하는 사람은 사랑의 대상에게 그의 사랑을 고백해야 할지 어떤지를 자문하는 게 아니라(이것은 고백의 문형이 아니다), 정념의 혼란을(그 소용돌이를) 어느 정도로 감추어야 할지를 자문한다. 그의 욕망, 절망, 간단히 말해 그의 지나침(라신의 용어로 광란(fureur)이라는 것)을.

바르트는 사랑의 대상에게 사랑을 표현하는 방식으로 역설적인 방식을 취한다. 자신의 사랑을 직설적으로 솔직하게 표현하는 것이 아니라, 오히려 사랑의 '혼란을 어느 정도로 감추어야 할 지'에 대해서 질문하는 것이다. 그러면서 발자크의 소설 〈가짜 정부〉를 인용하는데요. 여기서 주인공인 파즈 대위는 친한 친구의 부인을 사랑하지만, 그 사실을 감추기 위해 자신에게 다른 정부가 있는 것처럼 꾸며댄다. 그렇지만 바르트의 사랑의 담론은 '감추기' 단계에서 머무르지 않는다. 이어서 바르트는 "(사랑의) 정념을 완전히 감춘다는 것은 있을 수 없는 일이다... 정념은 본질적으로 보여지기 위해 만들어졌기 때문이다. 감추는 것이 보여져야만 한다. 내가 당신에게 뭔가 감추는 중이라는 걸 좀 아세요."라고 말한다. 그러니까 감추는 진정한 이유는 '감추는 것을 통해 오히려 내 사랑을 더 알아달라'는 것이다. 초등학교 시절 남자애들이 좋아하는 여자애에게 오히려 짓궂게 장난을 치며 자신의 마음을 '감추는' 것 역시나 이와 비슷한 것 같다. 이 소년의 진짜 마음은 날 알아봐 달라는 것이기 때문이다.

이것은 자전적 다큐멘터리에서 구상하는 이야기와 스타일과도 이어진다. 자신의 다큐멘터리를 통해서 자신을, 자신의 사랑을, 자신의 관계를, 자신의 고통, 자신의 관계를 이야기 하고 싶다면, 이를 위해 어떤 영화적인 전략을 구상해야할 것이다. 자전적 다큐멘터리를 구상하는 방식에서도 사랑하는 사람에게 고백하는 것처럼 '감추기', 나아가서 이를 통해 '감추면서 드러내는 방식'이 적절할 때가 종종있는 것 같다. '진짜 나'와 '진짜 나의 사랑'을 표현하기/고백하기 위해서는 그저 무턱대고 나를 드러내는 것이 능사는 아니기 때문이다.

박효진 감독의 비디오 다이어리 〈마이 스윗 레코드〉(2002)에서 감독은 자신이 대학 시절 짝사랑했던 선배를 찾아가 이러저러 '쓰잘데기 없는 (?)' 질문을 늘어놓는다. '좋아하는 것이 무엇인지', '싫어하는 것이 무언인지' 등의 질문 속에서 선배는 천연덕스럽게 주절주절 〈거침없이 하이킥〉을 좋아하고, 4월의 해지는 시간을 좋아하고, 머리가 주먹만한 고양이를 좋아하며, 노래방에서 자기 노래만 연이어서 하는 사람은 싫어한다는 둥의 이야기들을 늘어놓는다. 그리고 질문/답변의 사이사이 자막으로 감독의 수줍은 마음이 작은 글씨로 쓰여진다. 그러니까 선배한테 전달하는 '쓸잘데기 없는 질문들'은 실은 '감추는 마음'을 표현하고 있는 것이다. 선배한테 하는 질문이 자신의 감정과는 상관없는 쓰잘데기 없는 것일수록 감독의 수줍은 마음은 관객들에게 역설적으로 '드러나게' 된다. 즉 '감추면서 드러내기'인 것이다. 감독의 '감추어진 마음'은 마지막에 조금은 싱겁게도 "나 예전에 오빠 좋아했었다"라고 툭, 내뱉어지면서 영화는 마무리된다. 그리고 영화에는 단 한번도 감독의 얼굴이 보여지지 않는다. 짝사랑했던 감독의 얼굴은 '감추어지고', 짝사랑의 대상이었던 선배의 얼굴만이 감독이 들고 있는 카메라에 찍혀서 보여진다. 이러한 '감추어진 얼굴' 역시나 감독의 '감추어진 마음'이 여실히 드러나는 스타일로 작동된다. 그러면서 선배에게, 그리고 관객에게 자신의 두근거렸던 마음이 '감추면서 드러내기'가 되를 바라는 것이다.

데릭 저먼 감독의 유작인 자전적 영화 〈블루〉는 훨씬 더 극단적인 '감추기'의 방식을 택한다. 영화는 80여분의 러닝타임 내내 오직 '블루 스크린'으로만 일관한다. 그리고 자신의 기억과 흔적으로 가득한 시와 일기가 나레이션으로 흐른다. 관객 입장에서는 참으로 곤혹스러운 영화적 경험이 아닐 수 없다. 그러나 데릭 저먼이 이 영화를 자신의 유작으로 만드는 과정을 상기시킨다면 더욱 더 그이의 영화에 공감할 수밖에 없게 된다. 저먼은 에이즈에 걸려서 시력을 상실하는 와중에 이 영화를 구상한다. 저먼에게서 세상은 마치 블루 스크린처럼 보이지 않는 세계였던 것이다. 이로서 〈블루〉의 불투명한 '블루 스크린'은 저먼의 시력 상실과 죽음이 고스란히 재현되는 장면이 된다. 이렇게 블루 스크린의 불투명함은 데릭 저먼이라는 존재를 불투명하게 만든다.

허나 실은 인간이란 우주는 불투명한 존재 아니던가. 대기업 입사를 위해 구상되는 '완벽한 자기소개서' 안에 '당신의 회사를 위해 가장 적합한 사람'인양 기승전결로 구성되어지는 '투명한 나'가 오히려 스스로에 대한 기만이 아닐까 한 번쯤 의심해 볼 필요가 있지 않을까. 〈가난뱅이의 역습〉의 마츠모토 하지메가 말한 '자본이 요구하는 우등생'이 되기 위해 쓰여지는 '가짜 자기소개서'가 아닌 지 말이다. 자본의 속도와 요구에 치여 살아가는 현대인이 적극적으로 나를 돌아보는 유일한 기회인 것처럼 보이는 '자기소개서' 쓰기란 그리스 신화의 '프로크로테스의 침대'와 비슷해 보인다. 침대보다 짧으면 늘이고, 길면 잘라내는 방식으로 스스로를 '침대(자본)에 적합한 우등생'으로 만든다는 점에서. 이처럼 '자기소개서 요구하는 시대'에 저먼의 '한없이 불투명에 가까운 블루' 속의 '나'를 바라보는 것은 좀 불편하긴 해도 자기성찰의 기회가 되는 것 같다. 저먼의 '불투명한 블루'야말로 오히려 이해불가하고 설명불가한 '나'라는 우주에 대해 역설적인 방식으로 스스로를 '감추면서 드러내고' 있기 때문이다.

바르트는 사랑하는 사람에게 보내는 사랑과 정념의 메시지를 다음처럼 설명한다. "라르바르투스 프로데오(Larvartus prodeo)—나는 손가락으로 내 가면을 가리키면서 앞으로 나아간다." 데카르트가 한 유명한 말을 인용한 이 문장은 여전히 '감추면서 드러내기'에 대해 말하고 있다. 내 사랑의 정념에 '가면'을 씌우며 감추고는 있지만, 실은 보이지 않는 '은밀한 손길'로 이 '가면'을 넌지시 가리키고 있다는 것이다. 발자크 소설의 주인공 파즈 대위 역시도 사랑했던 여인에게 '감추고 또 감추다가' 결국엔 편지를 쓰고야 말았다. 〈마이 스윗 레코드〉의 감독이 자신의 감정을 영화 내내 감추다가 마지막에 툭, 허니 고백한 것처럼 말이다. 결국에는 나를, 나의 사랑을, 당신에게 전달하지 않고는 견딜 수 없는 것이 사람인가 보다.

어떤 여름의 기록

| 장 루쉬 감독, 1961년 |

—

다큐멘터리 〈트루맛쇼〉에서는 공중파 방송의 맛집 프로그램이 촬영되는 과정을 폭로하고 있다. 맛집 프로그램에서 소개되는 음식이 실제 어떤 맛인가와는 상관없이 '무조건 최고의 맛'임을 시청자에게 강조(어쩌면 '강요')하는 장치가 바로 나레이션이다. 이처럼 맛집 프로그램 등에서 객관적인 목소리로 위장된 나레이션은 '신의 목소리'로 기능하게 된다. 적나라하게 몽타주된 음식 화면 위에 울려퍼지는 '신의 목소리'에 의해 신도인 시청자는 무방비 상태로 입맛을 꿀꺽 다시며 순종하게 된요. 그러나 〈트루맛쇼〉는 맛집 프로그램이 만들어지는 촬영 과정을 드러내면서 이 목소리가 거짓임을 폭로한다. 이처럼 '신의 목소리'로 세계를 일목요연하게 설명하며 종종 거짓을 일삼기도 하는 '설명적 양식'의 다큐멘터리 스타일은 유성영화가 탄생한 이래 세계 대전 참전을 독려하는 〈우리는 왜 싸우는가〉와 같은 프로파간다 다큐멘터리에서부터 현대의 '맛집 프로그램'에 이르기까지 여전히 강력하고 보편적인 다큐멘터리 양식으로 자리매김하고 있다. 그러나 시간이 흐르면서 '신의 목소리'로 세계를 설명하려는 다큐멘터리 양식은 도전을 받게 된다.

장 루쉬는 기존의 '신의 목소리'로 제3세계를 설명하는 민족지학적 다큐멘터리에 의문을 품고 파리에 사는 프랑스인에 대한 민족지학적 다큐멘터리 〈어떤 여름의 기록〉(1961)을 연출하면서 '시네마 베리테'를 제안한다. 사회학자 에드가 모랭과 장 루쉬가 공동 연출한 〈어떤 여름의 기록〉은 '신의 목소리'로 세계를 설명하지 않고 '세계를 촬영하는 과정'을 드러내는 방식을 택하다. 이를 위해 감독들은 그들이 '연출하는' 이 다큐멘터리에 종종 등장하며 인터뷰어/인터뷰이들과 함께 다큐멘터리 진행에 대해 협의/토론하는 '과정'을 노출하는 방식으로 영화를 완성시켜 나간다. 이렇게 감독으로서 '연출하는 나'를 다큐멘터리에 전면으로 등장시키면서 '신의 목소리' 따위는 없음을 보여주고 있는 것이다.

다큐멘터리 역사에서 '신의 목소리'인 나레이션에 대한 도전으로 '시네마 베리테'가 나오게 된 배경을 잠시 살펴보았다. 이러한 양식 변화는 자전적 다큐멘터리와 비디오 다이어리에서 시사하는 바가 크다. 자전적 다큐멘터리에서 주인공으로 등장하는 '나'는 전지적인 '신의 목소리'에 의해 완결된 주체로 설명되는 것이 쉽지 않음을 전제로 한다. 그러하기에 자전적 다큐멘터리와 비디오 다이어리에서는 보통의 다큐멘터리에서는 편집될 확률이 높은 장면인 '촬영 과정' 자체가 훨씬 중요해진다.

이은아의 〈나는 다큐멘터리 감독이 되고 싶었다〉(2002)에서 감독은 자신의 첫 다큐멘터리의 소재로 부산 영도다리 밑에 사는 노숙자 아저씨들을 기록하기 시작한다. 시간이 지나면서 처음에 다가가기 무서웠던 아저씨들과 서서히 친해져가던 감독은 문득 카메라를 들고 있는 자신을 돌아보게 된다. 이 다큐멘터리를 만들고 있는 '진짜 이유'가 무엇인지 질문하게 되는 것이다. 그러면서 애초에 자신의 관심이 노숙자 아저씨들의 삶 보다는 다큐멘터리 감독이 되고자 하는 욕망에 있었음을 알게 된다. 처음에 노숙자 아저씨들을 타자로 생각하며 촬영해 나갔을 때에는 자신의 욕망을 발견하지 못하다가 아저씨들과 친구가 되면서 오히려 자신의 욕망을 발견하게 되는 것이다. 감독이 아저씨들에게 수줍게 "아저씨들 찍은 거 영화제에 출품하고 싶어요""다큐멘터리 감독이 되고 싶어요"라고 고백하는 순간 영화는 빛이 나기 시작한다. 어느새 정이 들어 감독을 딸같이 생각하게 된 노숙자 아저씨는 이 영화를 꼭 출품해서 감독이 되라고 격려한다. 이 짧은 대화 장면은 애초에 기획한 '노숙자 아저씨'에 대한 다큐멘터리에서는 등장하지 않아도 되는 '촬영 과정'이지만 〈나는 다큐멘터리 감독이 되고 싶었다〉라는 제목의 '나'에 대한 이야기로 선회하면서 가장 중요한 장면이 된다. 이렇게 자전적 다큐멘터리에서 '나'는 '나를 추적하는 촬영 과정'을 통해서 종종 드러난다.

제이 로젠블랏의 〈I used to be a filmmaker〉(2003)는 겉으로는 딸에 대한 육아 일기를 표방하지만 실은 감독 자신에 대한 비디오 다이어리이다. '전직 감독'이었던 로젠블랏은 딸이 태어나자 아이를 보는 임무로 인해 영화를 연출하는 것이 힘들어지게 된다. 대부분의 시간을 딸을 돌보는 것에 할애하게 된 감독은 딸을 향해 카메라를 들게 된다. 다큐는 자막과 딸을 찍은 장면이 교차하면서 진행된요. 여기서 자막이 감독의 욕망이 슬그머니 드러나는 지점이다. 자막에는 카메라 워킹이나 영화 관련 전문 용어들이 나열된다. 예를 들어 '점프컷'이라는 자막이 등장한 후 딸이 놀이기구에서 점프 하는 장면이 '점프컷'으로 편집된다. 그리고 '플래쉬백(회상)'이라는 자막이 등장하고 이어서 딸이 무언가를 보는 얼굴 장면과 엄마 뱃속에 있었던 시절의 초음파 영상이 '쿨레쇼프 효과'처럼 연결되며 마치 딸이 자신의 엄마 뱃속 시절을 회상하는 것처럼 연출한다. 이처럼 〈I used to be a filmmaker〉는 자막에서 보여지는 것처럼 육아 비디오의 '촬영 과정과 기획' 자체를 영화의 주요 플롯으로 가지고 오면서 감독 자신의 정체성과 욕망을 유머러스하게 드러낸다. 이를 통해 로젯블랏은 딸을 키우는 아빠와 감독으로서의 정체성 사이에서 서성이면서 이 비디오 다이어리를 완성해 나간다.

이렇게 자전적 다큐멘터리와 비디오 다이어리는 자기 소개서나 '프로크로테스의 침대' 마냥 '이미 완결된 나'가 아닌 '나를 추적하는 과정' 자체가 주요 플롯이 되는 독특한 다큐멘터리 스타일이다. 그리고 그 촬영 과정을 통해 이은아와 로젠블랏처럼 감독 스스로의 욕망과 자기 정체성을 성찰하는 과정이 되기도 하고, 어떤 연출자에게는 상처를 치유하는 과정이 되기도 한다. '감독으로서 나'가 '세계'에 참여하는 과정을 중시하는 것으로서 탄생한 '시네마 베리테'의 질문은 이제 '세계' 자체를 '나'로 설정하면서 '나—세계'를 추적하는 과정으로서 자전적 다큐멘터리와 비디오 다이어리라는 새로운 다큐멘터리 양식으로 나아간다. 즉 '신의 목소리'를 통해 '나'를 '고정된 사실(the fact)'로 설명하는 것이 아니라 다큐멘터리 촬영 과정을 통해 '유동하는 정체성'으로서 '나'를 서서히 파악해 가는 '어떤 진실(a truth)'의 문제가 되는 것이다. 이는 영화의 역사를 거슬러서 1920년대 지가 베르토프가 〈카메라를 든 사나이〉에서 질문한 '키노—프라우다(영화—진실)'의 문제 의식이기도 하고 베르토프를 반복해서 1960년대 장 루쉬가 다시 질문한 '시네마—베리테(영화—진실)'의 문제 의

식이기도 하며, 마찬가지로 현대의 다큐멘터리에서 '나'를 추적하며 여전히 반복해서 질문하고 있는 '영화—진실'로서의 자전적 다큐멘터리와 비디오 다이어리의 문제의식이기도 하다.

타네이션

| 조나단 카우엣 감독, 2003년 |

—

이청준의 단편 소설 〈자서전들 쓰십시다〉(2000)의 주인공 지욱은 인기 코미디언 피문오의 자서전을 대필하는 사람이다. 지욱은 피문오의 자서전을 대필하던 와중에 무언가 거짓말을 하고 있다는 생각을 하게 되고 급기야 피문오에게 자서전 집필을 거절하는 편지를 쓰게 돼요. 편지의 내용은 다음과 같다.

자서전의 살아 있는 주인공들은 저마다 가슴 속에 그 화려한 동상을 지닙니다. 그리고 그것을 현실로 실현해내고자 탐욕스런 지략을 다 짜냅니다.[...]그런 사람들의 대부분은 자신의 과거를 뼈아픈 참회로 극복하고 넘어선 사람들이 아니며, 만인 앞에 자신과 자기 시대의 적나라한 진실을 증언할 용기를 가졌던 사람들도 아니라는 점을 말입니다. 그들은 자신의 삶을 거짓 증언한 위인들이기가 쉽습니다. 동상은 지으려 해서 지어지는 것이 아니라 지어져서 지어질 수 있을 뿐인 것입니다. 지으려고 해서 억지로 짓는 동상은 탐욕의 거짓 표상일 뿐입니다. 속임수일 뿐입니다.

176

이청준은 자서전 대필가 지욱을 통해 자서전의 허상에 대해 비판하고 있다. 이런 식의 자서전 쓰기란 결국 스스로를 신화화하거나 영웅화하기 마련이고 그러하기에 자서전은 결국 "속임수"라는 것이다. 이청준은 자서전 쓰기를 '화려한 동상 짓기'에 비유하면서 "지으려고 해서 억지로 짓는 동상은 탐욕의 거짓 표상일 뿐"이라고 말하기까지 한다. 이러한 지적은 고스란히 자전적 다큐멘터리와 비디오 다이어리에도 적용해 볼 수 있다. 이청준의 지적대로 '나에 대한 동상 짓기'라는 어리석은 작업이 되지 않으려면 기획 단계에서 고심한 것처럼 다시 한 번 '나는 누구인가', 그리고 이를 '어떻게 재현할 것인가'라는 질문을 해야한요. 이는 결국 '자기 성찰'의 문제가 되는 것이요. '나'에 대한 이야기를 하면서, 동시에 '동상 짓기'라는 '바보짓'을 하지 않기 위해서 집요하게 스스로와 스스로의 영화에 대해 질문해야 한다.

조나단 카우엣 감독의 〈타네이션〉(2003)은 감독의 자전적 다큐멘터리다. 〈라스트 데이즈〉의 구스 반 산트 감독과 〈헤드윅〉의 존 카메론 미첼 감독이 프로듀싱해서 더욱 유명해진 작품이지만, 작품 그 자체로도 충분히 주목할만한 작품이다. 어린 시절부터 카우엣은 비디오 카메라 앞에 서 있는 걸 좋아했던 것 같다. 영화는 감독의 유년 시절의 사진과 비디오부터 시작해서 현재의 자신까지 근 20여년이 넘는 긴 시간을 담아낸다. 제목에서 드러나는 것처럼 감독은 자신의 삶의 '저주스런 상처'들을 하나하나 훑어 나간다. 자신을 버린 아버지, 자신 앞에서 강간당한 어머니, 입양된 채 보냈던 고통의 시간들, 그리고 자신의 남다른 성정체성에 대한 고민들 등을 보여주며 '나'에 대한 이야기를 해나간다.

그런데 특기할만한 것은 감독의 자전적 다큐멘터리임에도 불구하고 감독은 '나'라는 1인칭으로 스스로를 호명하지 않는다. 감독은 자막을 통해서 '나' 대신 '조나단', 또는 '그'라고 스스로를 호명한다. '1인칭 나'가 아닌 '3인칭'으로 '거리두기'를 하고 있는 것이다. 이는 카우엣 감독이 〈타네이션〉이라는 영화에서 '촬영된 나'를 재구성하는 독특한 재현 전략이 된다. 이러한 독특한 인칭 전략은 영화 속에서 여러 가지 의미 작용을 하게 된다. 우선 상처 받은 자신을 드러내지만 동시에 자기 연민에 빠지지 않기 위한 전략이기도 하다. 동시에 영화 여기저기에 파편화되고 분열적인 이미지로 자신을 묘사하는 것처럼 어린 시절 트라우마로 인해 '파괴된 나'를 '파편적으로' 재현하기 위한 전략이기도 하다. 이는 카우엣 감독이 〈타네이션〉에서 독특한 인칭 전략으로 자신을 재구성하는 원칙이기도 하지만, 실은 자전적 다큐멘터리에서 연출자가 '나'를 '영화적으로' 재현하기 위해 우선적으로 고민해야할 일반 원칙이기도 하다. 이를 '자기 성찰'이라고 말할 수 있을 것이다.

타인을 찍는 것이 아닌 '나'를 찍는 자전적 다큐멘터리의 미묘함은 바로 이 지점에서 불거진다. '자연인 나', '감독—나', '촬영된 나', 그리고 '재구성된 나'에 대한 간극을 성찰하지 않은 채 이 모든 것이 동일성을 지닌 '하나의 나'라고 착각하면 제대로 된 자기 성찰을 할 수 없게 된다. 그래서 영화 안/팍의 '나(들)'의 간극을 집요하게 성찰하고 재구성하는 것은 종종 자전적 다큐멘터리의 가장 커다란 매력이자 크리에이티브로 작동하게 된다. 그렇지 않다면 피문오의 자서전처럼 '남이 대신 써 준 화려한 나'와 '자연인 나'를 스스로 등치하면서 '화려한 동상'을 짓는데만 주력하게 되는 것이다.

롤랑 바르트의 자서전 〈롤랑 바르트가 쓴 롤랑 바르트〉는 이렇게 시작한다. "이 책의 모든 것은 소설 속의 인물에 의해 이야기된 것으로 간주되어야 한다." 롤랑 바르트의 자기 성찰적 글쓰기로 완성된 이 자서전은 이렇게 자기 스스로를 '소설 속의 인물'로 간주한다. 즉 '자연인 나'와 '글쓰기 속 나'는 제 아무리 '자서전'이래도 다를 수밖에 없다는 것이며, 마치 '소설 속의 인물'처럼 허구화되기 마련이라는 것을 자기 성찰적으로 고백하고 있는 것이다. 이를 극복하기 위해 바르트는 자서전 속의 '나'를 '나', '그', '당신', 'R.B.' 등 다양한 인칭과 이름으로 호명하면서 분열적으로 미끄러지면서 이동한다. 그리고 연대기순으로 자신의 이야기를 정리하는 것이 아니라 수십 개로 이뤄진 단장의 제목들을 알파벳 순으로 무의미하게 나열하는 구성을 택한다. 왜냐하면 '나라는 우주'는 일관되게 '분류할 수 없는 존재'이기 때문이다. 바르트의 이러한 자기 성찰적 자서전 쓰기는 이청준의 소설과 함께 자전적 다큐멘터리와 비디오 다이어리를 만드는 '나'에게도 여러 가지 질문을 던져주게 된다. 이청준은 소설의 말미에 '자서전에 대하여 – 그 희한한 꼴불견'이라는 제목으로 이 소설을 쓴 이유를 말한다.

하기야 요즘 자서전 쓰는 사람들을 보면, 자신의 삶을 모델로 하여 세상을 반성하고 인간사 전체를 폭넓게 되돌이켜 본다는 뜻에서가 아니라, 이것저것 재미있는 일은 거의 다 해보았으니 이번에는 자기 살아 있을 때 보기 좋은 기념비라도 하나 세워놓고 세상 사람들이 그 기념비 앞에 송가와 경배를 바치는 꼴을 보고 싶어 손대고 있는 일이 아닌가 하는 생각도 없지 않다.

우리 사회에서 소위 잘 나간다는 자본가들의 자서전이나, 혹은 선거철만 되면 우후죽순 격으로 등장하는 그럴싸한 제목을 가진 정치인들의 '화려한 동상' 같은 자서전들은 이런 의미에서 이청준 선생님의 말마따나 한 번 쯤 '속임수'가 아닌가 의심해 봐야만 하는 것일지도 모르겠다.

그리즐리 맨

| 베르너 헤어조크, 2005년 |

•

거짓의 F

| 오손 웰즈, 1975년 |

―

　프랑스의 장 루쉬 감독은 당대 서구의 인류학자들이 문명의 시선으로
아프리카를 타자화하는 것을 불편하게 생각했다. 아프리카에 건설을 하
러 나갔다가 니제르의 접신의식에 관심을 갖게 되며 아프리카에 매력을
느끼게 된 루쉬는 기존의 인류학자들이 백인의 시선으로 아프리카를 '설
명'하던 것을 극복하기 위해서 '시네마 베리테'라는 양식의 다큐멘터리를
만들게 된다. 루쉬가 주창한 '시네마 베리테'에서 가장 중요한 키워드는
바로 '참여'와 '촉매'이다. 타자를 '신의 목소리'와 같은 권위적 나레이션으
로 일방적으로 '설명'하는 것이 아니라 타자에게 나의 카메라가 '참여'하
면서 상호작용하는 과정과 나의 카메라가 상대에게 '촉매 작용'을 일으키
는 과정까지 보여줘야 한다는 성찰을 하게 된다. 나와 타자가 함께 만들
어가는 '영상 인류학'을 꿈꿨던 것이다.

　이런 '시네마 베리테'의 태도로 '파리지앵에 관한 민족지학적 보고서'로
만든 다큐멘터리가 바로 〈어떤 여름의 기록〉(1960)이다. 영화의 공동연출
자인 장 루시와 에드가 모랭 두 감독은 다큐멘터리의 주요 인물 중 하나
인 마르셀린을 두고 카메라 앞에 서 있을 때 어떠한 기분이 드는지에 대

해 묻고 그녀는 조금 신경 쓰인다는 이야기를 한다. 또한 두 감독은 자신들도 어떤 질문들을 해야할 지 잘 모르겠으며, 단지 이 영화는 '파리사람들이 어떻게 살아가고 있냐'고 묻는 영화라고 말한다. 이렇게 루쉬와 모랭은 연출자로서의 자신들의 상황을 솔직하게 고백한다. 어떤 부분은 아직 잘 모르겠으며, 단순한 질문을 반복해 가면서 출연자들과 함께 이영화를 조금씩 완성해 가겠다는 것이다. 두 감독은 영화가 진행되는 중에 종종 등장해서 주요 인물들과 대등하게 토론을 하기도 하고, 지금 만들어지고 있는 이 다큐멘터리에 대해 이야기를 나누기도 한다.

이런 '참여적인 상황'은 영화의 마지막에서 더욱 극대화된다. 영화가 끝나자 시사실의 불이 켜진다. 그리고 지금까지 상영했던 영화의 주요 주인공들과 감독이 이 〈어떤 여름의 기록〉이란 영화를 함께 보고 있는 장면으로 이어진다. 그리고 자신들이 출연한 영화에 대해 논평을 시작한다. 영화에 등장한 A에 대해 누구는 진실되다고 말하고, 누구는 가식적이라고 말한다. 영화가 아주 지루했다고 말하는 사람이 있는 반면에, 삶의 진실을 보았다고 말하는 사람도 있다. 그리고 다시 논평이 마친 다음에 감독 둘의 대화가 이어진다. 사람들의 반응에 대해, 그리고 이 영화에 대한 자신들의 생각에 대해 이야기를 나눈 후에야, 영화는 마친다.

감독들의 인터뷰이에 대한 '참여'를 통해서 만들어진 〈어떤 여름의 기록〉이 보여주는 이런 독특한 스타일은 자전적 다큐멘터리와 비디오 다이어리의 '편집'에 있어서 시사하는 바가 크다. 감독들은 자신들도 무슨 질문을 해야할 지 잘 모르겠다고 고백하고, 촉매제로서의 카메라를 대하는 인터뷰이들의 반응을 궁금해 하며, 이 영화를 어떻게 이끌어 가야 할 지에 대해 종종 토론하고, 완성된 영화를 출연진들과 같이 보고 다시 논평을 하며, 이 논평에 대해 다시 감독들이 최후 논평을 하는 '장면'들은 전통적 다큐멘터리에서는 '편집 대상'이다. 그러나 카메라가 세계에 만났을 때 벌어지는 '참여'와 '촉매'의 과정을 '편집하지 않은 채' 열린 구조로서 질문하며 다큐멘터리를 만들어가는 것은 시네마 베리테에서 주요한 편집 스타일이 되고, 이는 나와 세계가 만나는 과정을 찍어나가는 자전적 다큐멘터리와 비디오 다이어리의 편집에서 오히려 강화된다.

왜냐하면 자전적 다큐멘터리에서 '완결된 나'라는 것은 불가능에 가깝기 때문이다. 나와 세계의 관계에 대해 질문하며 만들어가는 이 다큐멘터리를 통해 '나'를 조금씩 알아가는 것이 바로 자전적 다큐멘터리이기때문이다. 그래서 자전적 다큐멘터리의 편집은 전통적 다큐멘터리에서는 '편집'될 상황들이 오히려 더욱 중요해지는 경우가 많다. 베르너 헤어조크 감독이 '편집'한 〈그리즐리 맨〉은 이러한 '편집'에 대한 성찰이 도드라지는 작품이다. 이 작품은 원래 티모시 트레드웰 자신이 알래스카 그리즐리 초원에서 야생동물과 함께하며 살아가는 삶을 직접 카메라에 담은 자전적 다큐멘터리가 될 예정이었다. 그러나 트레드웰이 자신이 사랑한 곰에게 살해당하고 난 후에 남겨진 테잎이 헤어조크 감독에게 전달되고, 헤어조크는 주어진 테잎의 '편집'을 편집해서 〈그리즐리 맨〉으로 완성하게 됩니다. 헤어조크 감독은 너무나 곰을 사랑한 나머지 그리즐리 초원에서 뼈를 묻고자 한 트레드웰이란 사람을 잘 드러낼 수 있는 '편집'을 하고자 고심하게 된다. 헤어조크의 섬세한 편집을 통해 이 영화는 단순히 곰을 너무 사랑한 한 사람의 이야기에서 머물지 않고 트레드웰이 들고 있던 '카메라'와 '그/나'의 관계를 집요하게 파고든다. 원래는 단순히 곰을 찍으려는 '도구'에 불과했던 카메라였지만 시간이 지나가면서 카메라가 '촉매'가 되어 트레드웰이 카메라에 대고 내면의 고백을 하면서 조금씩 집요하게, 혹은 충동적으로 변화하는 과정을 드러내는 '편집'을 시도한다. 그러면서 곰을 찍은 화면 보다는 카메라를 들고 있는 '그/나'와 카메라 앞에 서 있는 '그/나', 그리고 카메라 앞에서 변화되어가는 '그/나'를 주요한 장면으로 부각시키는 편집을 시도한다. 이렇게 헤어조크 감독은 트레드웰의 '자전적 다큐멘터리'를 대신 편집하게 되면서 그의 진실을 제대로 드러내기 위해서 전통적 다큐멘터리에서는 편집될 장면들을 부각시키는 편집을 한다.

오손 웰즈의 〈거짓의 F〉에서 그는 영화의 화자로 등장하며 이야기를 이끌어간다. 영화는 웰즈의 여러 영화적인 성찰과 자전적 고백으로 이어지다가 마지막에 이르러 영화를 정리하며 다음과 같이 나레이션한다. 자신은 '사실(reality)'에는 관심이 없으며 이 보다는 '진실(truth)'에 주목한다는 것이다. 물론 이것은 '영화적 진실'을 말하는 것이다. 그에게 있어서 "사실(reality)이란 집 안에 있는 컵 속에 칫솔이 있다"는 것일 뿐이라고 말한다. 특기할만한 것은 웰즈가 영화 안에서 나레이션을 하는 장소가 바로 '편집실'이라는 점이다. 그는 편집실에서 자신이 편집한 〈거짓의 F〉의 화면을 바라보며 논평을 해나간다. 영화의 순조로운 진행 사이에 종종 끼어드는 이 '편집실 논평 장면'은 '보이지 않던' 편집의 실체를 적나라하게 드러내는 장치가 된다. 웰즈가 '편집실 나레이션'을 통해서 말하는 바는 '사실'에 대한 '편집'을 통해서 자신이 생각하는 '영화적 진실'을 이야기할 수 있다는 것이다. 이렇게 영화에서 '편집'은 다큐멘터리를 포함한 영화 감독의 '영화적 진실'을 위한 주요한 장치가 된다. 자전적 다큐멘터리로 돌아오자면 단순히 '나의 사실'에 대한 배열 보다는 '편집'을 통해 적극적으로 재구성된 '나의 진실'을 드러내야 한다는 것이다. 그런 의미에서 자전적 다큐멘터리에서는 '나'와 '세계', 그리고 이를 이어주는 '카메라', 이 세 항의 관계를 '은폐하는 편집' 보다는 오히려 '드러내는 편집'이 중요해지는 것이다. 이것이 바로 루쉬의 〈어떤 여름의 기록〉에서 시작해서 현대의 자전적 다큐멘터리까지 지속되고 있는 '영화적 진실'과 '나의 진실'을 위한 주요한 성찰의 지점이다.

유튜브 보이

| 아론 해프넌 감독, 2009년 |

•

10년 셀프의 초상

| 유지숙 감독, 2001년 |

〈유튜브 보이on line all the time〉는 유튜브에서 스타가 되길 원하는 아일랜드 소년 제이크의 이야기이다. 이 다큐멘터리는 '온라인과 나'에 대해서 질문하는데 좋은 레퍼런스가 됩니다. 제이크는 1년째 유튜브에서 '나'에 대한 동영상을 업로드하고 있는 중이다. 제이크는 영화가 초입에서자신은 유튜브에서 '스타'가 되는 것이 꿈이라고 고백한다. 〈유투브 보이〉는 제이크가 캠코더를 들고 자기 자신과 가족, 친구들을 찍어서 유튜브에 올리는 과정을 보여준다. 물론 제이크의 목표는 한 가지다. 이 유튜브 채널에 올린 '나'에 대한 동영상을 통해서 자신이 유명해지는 것이다. 제이크의 유튜브 채널은 이렇게 제이크가 성장해 가는 과정을 보여준다. 제이크가 좀 더 동영상을 잘 만들어가는 과정, 그리고 그 안에서 제이크가 조금씩 성장해가는 과정이 보여 지는 것이다. 이렇게 제이크가 유튜브에서 업로드하는 '나에 대한 동영상'과는 별개로 이 과정을 기록해나간 다큐멘터리는 〈유튜브 보이〉라는 새로운 작품으로 완성되어 상영된다.

유지숙 감독의 자전적 다큐멘터리 〈10년의 셀프 초상〉은 〈유튜브 보이〉보다 좀 더 적극적으로 온라인 플랫폼을 활용해서 '나의 성장'에 대한 이야기를 보여주는 작품이다. 감독은 아침에 일어나면 제일 먼저 씻지도 않은 자신의 부은 얼굴을 사진기로 한 컷 찍는다. 그리고 그 사진을 웹에 올린다. 1999년부터 그렇게 한 컷씩 자신의 얼굴을 찍어가는 작업은 십 년이 넘도록 하고 있는 중이다. 그리고 중간 중간 그 '스틸 사진'들을 모아서 '동영상(영화)'로 만든다. 그녀의 얼굴 사진 1컷은 디지털 동영상에서 1프레임이 되고, 이것은 그녀의 하루가 된다. 그리고 한 달간 찍은 30컷의 얼굴 사진은 30프레임, 즉 1초가 된다. 이런 식으로 그녀의 1년은 12초 정도의 시간이 되고, 그녀의 10년은 2분 정도의 시간이 된다. 감독은 3년 정도를 모아서 2001년에 〈10년의 셀프 초상〉이란 제목으로 영화제에서 상영하고, 10여년을 모아서 〈10년의 셀프 초상〉이란 제목으로 상영을 한다. 그녀는 그렇게 계속 성장하고 있고, 그녀의 작품도 따라서 같이 성장해 나간다. 그녀의 웹사이트에서는 오늘도 그녀의 얼굴 사진이 한 장 올라왔을 것이고, 아마도 수 년 후에는 다시 비슷한 제목으로 이 자전적 다큐멘터리의 업그레이드 버전을 볼 수 있을 것이다.

〈유튜브 보이〉와 〈10년의 셀프 초상〉은 온라인 플랫폼을 활용해서 '나의 성장'에 대한 이야기를 하고 있는 대표적인 작품이다. 이처럼 유튜브를 비롯한 인터넷 플랫폼들은 어느새 '나'를 보여주는 중요한 채널이 되었다. 관객들은 이전처럼 극장에 가지 않아도 그/녀의 웹 채널에서 언제든지 그/녀의 성장을 지켜볼 수 있게 된다. 나의 성장에 대한 자전적 다큐멘터리를 웹채널을 통해 '보여주는' 시도는 이전의 다큐멘터리와 비교해 보면 더욱 확연해진다. 1964년 영국 그라나다 텔레비전은 〈7up〉이라는 다큐멘터리를 방영한다. 폴 아몬드 감독이 연출한 이 다큐멘터리는 가정환경과 교육환경이 서로 다른 7살 난 영국의 소년소녀들을 교차편집하며 보여준다. 이들에게 감독은 취미와 이성친구, 그리고 꿈 등에 대해 질문한다. 이 다큐멘터리는 여기서 그치지 않는다. 〈7up〉의 조감독 마이클 앱티드가 이후 7년마다 〈7up〉에 출연한 소년소녀들을 추적한 다큐멘터리를 완성해 나간다. 아이들이 성장해감에 따라 제목도 바뀌어 간다. 1971년에 〈14up〉, 1978년에는 〈21up〉, 결국 최근인 2005년에 〈49up〉까지 나온 상황이다. 시리즈가 진행되면서 아이들이 꿈꿨던 미래가 현실이 되거나, 혹은 좌절하는 과정을 보여주는 독특한 인류학적 다큐멘터리다. 소년소녀들이 어른으로, 다시 중년으로 성장하는 모습을 보여주는 〈up〉 시리즈는 3인칭 나레이션으로 이들의 삶을 '설명'하는 다큐멘터리다.

이처럼 이전의 다큐멘터리가 타자의 삶을 타자의 목소리로 '설명하는 양식'이었다면, 〈유튜브 보이〉는 제이크 자신이 1인칭으로 자신의 삶이 커나가는 과정을 이야기하게 하고 있으며, 〈10년의 셀프 초상〉은 나레이션은 없지만 감독 자신이 찍은 자신의 모습을 자신이 직접 편집하며 자신의 성장을 연출해나간다. 배급의 방식도 '타인의 성장'을 기록한 〈up〉 시리즈가 전통적인 방송 채널을 이용했다면, 〈유튜브 보이〉와 〈10년의 셀프 초상〉은 온/오프라인을 동시에 이용해 나간다. 이처럼 '성장'이라는 같은 이야기를 하고 있지만, 이들의 비교를 통해서 다큐멘터리 양식과 매체, 그리고 플랫폼의 변화를 실감할 수 있는 흥미로운 레퍼런스다.

참고문헌

- Barthes, Roland, *Roland Barthes by Roland Barthes*, translated by Richard HowardThe Macmillan press ltd, 1988.

- Bolter, Jay David and Grusin, Richard, *Remediation : Understanding New Media*, Cambridge, Mass. : MIT Press, 1999.

- 이청준, 『자서전들 쓰십시다』, 열림원, 2000.

- 롤랑 바르트, 『텍스트의 즐거움』, 김희영 역, 동문선, 1997.

- 마르크 페로, 『역사와 영화』, 주경철 역, 까치, 1999.

- 마이클 오프레이, 『데릭 저먼 : 대영제국의 꿈』, 김성욱, 김은아 역, 문화학교 서울, 2003.

- 미셸 시옹, 『영화와 소리』, 지명혁 역, 민음사, 2000.

- 세르게이 에이젠슈타인 외, 『사유 속의 영화』, 이윤영 역, 문학과 지성사, 2011, p.355.

- 장 루이 뢰트라, 『영화의 환상성』, 김경온, 오일환 역, 동문선, 2002.

- 지가 베르토프, 『키노 아이, 영화의 혁명가 지가 베르토프』, 김영란 역, 이매진, 2006.

- 토마스 소벅, 비비안 C. 소벅, 『영화란 무엇인가』, 주창규 외 역, 거름, 1998.

- 필립 르죈, 『자서전의 규약』, 윤진 역, 문학과 지성사, 1998.

- 호르헤 루이스 보르헤스, 『보르헤스 전집 5 : 셰익스피어의 기억』, 황병하 역, 민음사. 1997.

영화의 미로

1판 1쇄 인쇄 2020년 02월 20일
1판 1쇄 발행 2020년 02월 29일
저   자 최진성
발 행 인 이범만
발 행 처 **21세기사** (제406-00015호)
　　　　　경기도 파주시 산남로 72-16 (10882)
　　　　　Tel. 031-942-7861　　Fax. 031-942-7864
　　　　　E-mail : 21cbook@naver.com
　　　　　Home-page : www.21cbook.co.kr
　　　　　ISBN 978-89-8468-869-8

정가 12,000원